LA VIE PRIVÉE

D'AUTREFOIS

ARTS ET MÉTIERS

MODES, MŒURS, USAGES DES PARISIENS

DU XII° AU XVIII° SIÈCLE

D'APRÈS DES DOCUMENTS ORIGINAUX OU INÉDITS

PAR

ALFRED FRANKLIN

L'ENFANT
La Layette. — La Nourrice. — La Vie
de famille. — Les Jouets et les Jeux.

PARIS

LIBRAIRIE PLON

E. PLON, NOURRIT et Cie, IMPRIMEURS-ÉDITEURS

RUE GARANCIÈRE, 10

—

1896

LA VIE PRIVÉE

D'AUTREFOIS

LA VIE PRIVÉE D'AUTREFOIS

PARIS. TYP. E. PLON, NOURRIT ET Cie, 8, RUE GARANCIÈRE. — 800.

TABLE DES SOMMAIRES

CHAPITRE PREMIER

PREMIERS SOINS. — BERCEAU. — LAYETTE

CHAPITRE II

LA NOURRICE

I

LE LAIT MATERNEL.

Les mères renoncent de bonne heure à nourrir leurs enfants. — Le roman de *Robert le Diable*. — Blanche de Castille n'a pas nourri saint Louis. — Légende extraite du *Chevalier au cygne*. — Reproches qu'adressent les moralistes et les médecins aux femmes qui ne nourrissent pas leurs

II

LES BUREAUX DE PLACEMENT

III

LA NOURRICE DANS LA FAMILLE

IV

LES NOURRICES ROYALES

V

NOURRITURE ET SEVRAGE.

CHAPITRE III

LES PREMIÈRES ANNÉES

I

L'ENFANT ENTRE LES MAINS DES FEMMES

II

L'ENFANT ENTRE LES MAINS DES HOMMES

CHAPITRE IV

LA VIE DE FAMILLE

CHAPITRE V

LES JOUETS ET LES JEUX

Comment melusine venoit tous les soirs visiter ses
deux enfans raimonnet et thierry.

D'après le *Roman de Mélusine*, édition de 1498.

LA
VIE PRIVÉE D'AUTREFOIS

L'ENFANT

LE BERCEAU ET LA LAYETTE. — LA NOURRICE.
— LES PREMIÈRES ANNÉES. —
LA VIE DE FAMILLE. — LES JOUETS ET LES JEUX.

CHAPITRE PREMIER

PREMIERS SOINS. — BERCEAU. — LAYETTE

Premiers soins à donner à l'enfant. — Régime des nouveau-nés au quatorzième, au seizième et au dix-septième
siècle. — Enfants nés coiffés. — L'emmaillotement.
Opinion de madame de Maintenon, de Buffon, de J.-J.
Rousseau. — Le berceau. Celui de Charles VII et celui de
Henri IV. — Le bercement. — L'ordre du Saint-Esprit
et celui de Saint-Louis apportés aux Enfants de France
dans leur berceau. — La première chemise. — Layette
bénite envoyée par le pape aux Enfants de France. —
Description d'une riche layette à la fin du dix-huitième
siècle.

Quand l'enfant naist, la ventrière ou sage-femme
le reçoit et luy couppe le nombril le long de quatre
doigtz, et le noue. Et puis, elle lave l'enfant pour

en oster le sang ; et après, elle le frotte de sel et de miel pour seicher et conforter les membres.

Les enfans, à l'yssue du ventre, doivent estre enveloppez en roses pilées avec du sel, pour les membres conforter et pour oster l'humeur glueuse qui est en eulx. Après, on leur doit tout bellement frotter le palet [1] au doigt et les gencives de miel pour nettoyer la bouche par dedans, et pour luy donner appétit par doulceur et aguesse [2] du miel.

Après, on le doit souvent baigner, et puis oingdre[3] d'huyle rosat, et frotter par tous les membres, et par espécial les masles, de qui les membres doivent estre plus durs que des femelles, pour le labeur.

Après, on le doit mettre en un lieu obscur pour dormir et pour mieulx retenir sa veue. Car quand le lieu est trop cler, il perd la veue et blèce les yeulx qui sont trop tendres, et les fait devenir borgnes.

Après, doit-on souverainement garder que l'enfant ne soit nourry de laict corrompu, car il en acquiert très mauvaises maladies, comme vessies en la bouche [4], vomir, fièbvres, soy pasmer, flux de ventre et leurs semblables.

Après, on ne doit donner à l'enfant nulle médecine quand il est malade. Mais la nourrice en doit prendre pour l'enfant ou tenir dictte s'il en est mestier [5].

[1] Le palais.
[2] Et saveur.
[3] Oindre.
[4] Des abcès, sans doute.
[5] S'il en est besoin.

Les membres de l'enfant sont moult tendres et prennent, de légier, diverses figures. Et, pour ce, le doit-on lyer de plusieurs lyens, à fin qu'ilz ne se tordent.

De rechief, les enfans prennent moult de nourrissement, et pour ce, ilz ont besoing de moult dormir, pour rappeler la chaleur naturelle dedans le corps. Et c'est la cause pourquoy on berce l'enfant, à celle fin que la chaleur esmeuve l'enfant à dormir, par les fumées qui montent au cerveau.

Les nourrices aussi doivent aucunes fois chanter auprès de l'enfant, pour donner plaisance au sens de l'enfant, pour la doulceur de la voix [1].

Les lignes qui précèdent ont été écrites en latin, vers 1350, par un religieux franciscain nommé Barthélemy l'Anglais, et traduites en français par Jean Corbichon, religieux augustin, qui dédia son livre au roi Charles V [2].

A peu près rien n'était changé, deux cents ans plus tard, au régime des nouveau-nés.

---

[1] *Le grand propriétaire de toutes choses, translaté de latin en françois par maistre Jean Corbichon.* Édit. de 1556, livre VI, chap. IV, p. 50 verso.

[2] « Il a pleu à vostre royalle majesté de commander à moy, qui suis le plus petit de voz chappelains et vostre créature à la facture de voz mains, que je translate le livre devant dit de latin en françois, le plus clèrement que pourray. Je donc, qui suis tenu de droit divin et humain et naturel d'obéyr à voz commandemens, comme à mon droit seigneur naturel et comme à celuy qui m'a fait tel comme je suis... » *Prologue.*

Ambroise Paré veut encore qu'on les lave avec une décoction de roses rouges, auxquelles on ajoute des feuilles de myrtil et du sel. En outre, il conseille de « manier les doigts les uns après les autres, d'estendre et fléchir les joinctures des bras et des jambes, voire par plusieurs ou divers jours, afin de chasser quelque humeur superflue qui pourroit estre en les joinctures [1]. »

Quand Henri IV naquit, son grand-père lui frotta d'ail les lèvres et lui mit une goutte de vin dans la bouche. Son fils fut à peu près traité de même. La sage-femme qui venait d'accoucher Marie de Médicis, trouvant le petit Louis XIII très faible, remplit sa bouche de vin et « en souffla à l'enfant [2]. » Remis entre les mains du médecin Héroard, celui-ci lui lava aussitôt tout le corps avec un mélange d'huile rosat et de vin rouge. Deux jours après, comme il avait peine à prendre le sein, Guillemeau, chirurgien du roi, lui coupa le filet [3].

Parfois, l'enfant dont la tête se présente la première, pousse devant lui, en venant au monde, un fragment des membranes qui l'en-

---

[1] *OEuvres*, édit. de 1607, p. 933.
[2] Voy. *L'enfant*, t. I, p. 115 et 71.
[3] *Journal de Louis XIII*, t. I, p. 5 et 7.

veloppaient, et il s'en trouve coiffé. Dès l'antiquité, l'on attribua à cette circonstance fortuite de singulières vertus. Lampride[1] raconte qu'à Rome, les sages-femmes s'efforçaient de dérober ces sortes de coiffes et les vendaient à de crédules avocats, qui comptaient sur ce secours pour accroître leur éloquence[2]. En France, la foi en cet heureux présage était générale. « Les femmes, écrit le médecin Riolan, conçoivent des merveilles des enfans qui naissent coiffez, et en gardent soigneusement la coiffe comme une marque infaillible de leur advancement aux honneurs et aux richesses[3]. » De là le proverbe *être né coiffé*, « qui se dit d'un homme heureux à qui tout rit, à qui les biens viennent en dormant et sans les avoir mérités[4]. » Très sagement, Ambroise Paré regardait cette circonstance comme heureuse surtout pour la mère, « car, quand l'enfantement est laborieux, les enfans n'apportent jamais ceste membrane sur la teste[5]. »

[1] Il vivait quatre siècles après Jésus-Christ.
[2] *Histoire auguste*, vie de Diadumène, § IV.
[3] *OEuvres anatomiques, traduites en françois par Pierre Constant*, p. 915.
[4] Moisant de Brieux, *Les origines de quelques coutumes anciennes*, p. 177.
[5] Page 933.

Aussitôt né, l'enfant était soigneusement emmailloté. Le corps bien serré, entouré jusqu'au cou de bandelettes, il avait l'aspect d'une momie. Montaigne condamnait déjà cette coutume ; mais il ne fut point écouté, et à la fin du dix-septième siècle, les médecins la regardaient encore comme excellente. Voici, par exemple, les recommandations que Guillemeau fait à la nourrice :

Il faut premièrement qu'elle accommode et enveloppe l'enfant de sa couche et lange. Puis, avec une bande large qui commencera au-dessus de la poictrine, elle fasse d'icelle un ou deux tours et circonvolutions, luy accommodant les bras le long des costes, les étendant de telle sorte que ses mains s'approchent des genoux. Puis, sera derechef envelloppé de sa couche et lange ; et puis après, bandé tout autour du corps. Lors, ses genoux seront baissez, et entre iceux un peu de sa couche sera mise et accommodée, ensemble le long des jambes ; et les deux chevilles des pieds seront apposées uniment et enveloppées de ladite couche, laquelle sera par après repliée par dessus bien uniment. Cela fait, on achèvera de le bander du tout, luy remettant un second lange par dessus, pour le tenir plus chaudement et fermement. Il sera tous les jours emmailloté de cette façon jusqu'à ce qu'il aye atteint un mois ou environ [1].

[1] *OEuvres de chirurgie,* édit. de 1649, p. 397.

François Mauriceau insiste sur ces prescriptions, et il ajoute :

L'enfant doit estre ainsi emmailloté, afin de donner à son petit corps la figure droite, qui est la plus décente et la plus convenable à l'homme, et pour l'accoutumer à se tenir sur ses deux pieds ; car, sans cela, il marcheroit peut-estre à quatre pattes, comme la pluspart des autres animaux [1].

Le supplice des bandes était infligé à l'enfant beaucoup plus longtemps que ne le demandait Guillemeau. En 1707, madame de Maintenon écrivait à la princesse des Ursins que « si elle étoit moins vieille, » elle aurait voulu expérimenter le système adopté en Angleterre, où les enfants, dès qu'il avaient passé trois mois, étaient enveloppés « dans un lange et une couche sans aucune bande ; ce qui fait qu'on les change aussitôt qu'ils ont fait la moindre saleté, et ne demeurent jamais, comme les nôtres, serrés et bandés dans leur ordure [2]. »

L'expérience n'eut point lieu, et Buffon pouvait encore écrire un demi-siècle plus tard :

[1] *Les maladies des femmes grosses et accouchées,* édit. de 1681, p. 458.
[2] Lettre du 24 avril 1707. Dans *Lettres inédites de madame de Maintenon à la princesse des Ursins,* t. I, p. 113.

1.

A peine l'enfant est-il sorti du sein de sa mère, à peine jouit-il de la liberté de mouvoir et d'étendre ses membres, qu'on lui donne de nouveaux liens : on l'emmaillote, on le couche la tête fixe et les jambes allongées, les bras pendants à côté du corps. Il est entouré de linges et de bandages de toute espèce qui ne lui permettent pas de changer de situation. Heureux si on ne l'a point serré au point de l'empêcher de respirer, et si on a eu la précaution de le coucher sur le côté, afin que les eaux qu'il doit rendre par la bouche puissent tomber d'elles-mêmes, car il n'auroit pas la liberté de tourner la tête sur le côté pour en faciliter l'écoulement [1].

Rousseau reprit cette thèse, et le succès qu'obtint son *Émile* eut enfin raison d'une coutume si invétérée. « Il semble, disait-il, qu'on a peur que l'enfant n'ait l'air d'être en vie... Plusieurs sages-femmes prétendent, en pétrissant la tête des nouveau-nés, lui donner une forme plus convenable, et on le souffre ! Nos têtes seroient mal faites de la façon de l'auteur de notre être : il nous les faut façonner au dehors par les sages-femmes et au dedans par les philosophes [2]. » Sébastien Mercier pouvait enfin constater, vers 1780, que les enfants

---

[1] *OEuvres*, édit. de 1827, t. XI, p. 371.
[2] *Émile*, livre I.

étaient « beaucoup mieux élevés qu'autrefois. « On les plonge souvent, ajoutait-il, dans des bains froids ; on a pris l'habitude heureuse de les vêtir légèrement et sans ligatures [1]. »

Les anciens berceaux ressemblaient fort aux nôtres. On les trouve nommés d'abord *bers*, *berseil*, *biers*, *bersouere*, *berceuil*, *berceul*, puis *bersoire* et *berseau* [2]. Tantôt ils reposaient, comme nos fauteuils à bascule, sur deux morceaux de bois courbés ; tantôt ils étaient portés par deux tourillons évoluant sur deux montants fixes ; tantôt encore, des anneaux de fer les suspendaient en l'air, de manière à rendre le bercement plus facile [3]. Dans les familles bourgeoises, le berceau s'ornait rarement de rideaux ; mais, durant la nuit, il était recouvert par les amples courtines qui entouraient le lit maternel.

A la Cour, on déployait parfois un luxe extrême dans la décoration des berceaux. Le 20 juillet 1396, il est payé vingt livres tournois au peintre Jehan Porchet « pour deux biers

---

[1] *Tableau de Paris*, t. II, p. 225.
[2] Voy. V. Gay, *Glossaire archéologique*, t. I, p. 145.
[3] Voy. Aliénor de Poitiers, *Les honneurs de la Cour*, t. II, p. 196, et Viollet-le-Duc, *Dictionnaire du mobilier*, t. I, p. 37.

à berser, l'un grant et l'autre petit, par lui
peints pour l'enffant dont madame la duchesse d'Orléans est à présent grosse : dont
Dieu lui envoie joie [1]. » En 1403, après l'accouchement de Jeanne de Saint-Pol [2], on
achète « douze cents peaux d'hermines, employées entièrement pour la fourrure du cou-
vertoir du grand bers de l'enfant [3]. » La naissance de Charles VII, en février 1403, motive
les dépenses suivantes, qui ont été relevées
dans des *Comptes royaux* aujourd'hui conservés
aux Archives nationales :

A Phelisot de Compans le jeune, drapier, demou-
rant à Paris, pour avoir livré, par l'ordonnance
d'icelle dame [4] et pour l'estat de l'enfant dont, au
plaisir de Dieu, elle accouchera briefvement, les
parties de drap qui s'ensuivent : langes, couver-
toirs moyens, grand couvertoire pour couvrir le
berceau, escarlate pour envelopper l'enfant, etc.

Pour un espervier [5] de taffetas vert, pour la pro-
chaine gésine de la reine, 72 liv. parisis.

---

[1] Comte de Laborde, *Les ducs de Bourgogne,* preuves,
t. III, p. 121.

[2] Femme d'Antoine de Bourgogne, comte de Rethel.

[3] Ernest Petit, *Itinéraires de Philippe le Hardi et de
Jean sans Peur,* p. 569.

[4] Isabeau de Bavière.

[5] Le mot épervier désignait tantôt un baldaquin, tantôt,
comme ici, l'ensemble des draperies qui entouraient le lit.

Pour un autre espervier de cendal vert, pour l'estat de l'enfant dont, au plaisir de Dieu, la reine accouchera bien briefvement, 72 liv. parisis.

Pour dix tapis fournis pour l'espervier, 244 liv. 16 sous par.

Pour douze autres tapis, 244 liv. 4 s. par.

A Raoulet du Gué, huchier [1], pour avoir fait un berceul tout de bois d'Irlande, où il y a un escren [2] au chevet; et une bersouère bordée; avec un autre berseul et une grant bersouère, 12 liv. 16 s. par.

A Girard de Blainneteau, paintre, pour avoir paint de fin or bruni un berseul et une bersouère, pour monseigneur messire Charles de France, der-renier né.

A Guillaume Lescot, marchand de liz [3], pour avoir livré, pour la prouchaine gésine de la Royne et pour l'enfant, les parties qui s'ensuivent :

Pour les toyes de dessus et de dessoubs du lit, pour le petit berceuil de l'enfant, 20 s. par.

Pour douze livres de fin duvet, mis et employé en la couste et coussin du dit lit, au prix de 5 sous par. la livre, valent 60 s. par.

Pour vingt-quatre livres de plume, nommée fleurin, qu'il a mises et employées en ladite couste et audit coussin, 72 liv. par [4].

---

[1] Menuisier.

[2] Ecran. Le lendemain de sa naissance, l'on avait encore acheté deux écrans, destinés à protéger l'enfant contre le froid venant des fenêtres.

[3] De lits.

[4] *Extraits des comptes royaux*, etc. Dans Vallet de Viriville, *Chronique de Charles VII*, édit. elzév., t. III, p. 253.

Le premier berceau de Henri IV fut une carapace de tortue qui mesure 1^m07 de longueur sur 0^m83 de largeur et que l'on conserve encore aujourd'hui au château de Pau[1].

Ambroise Paré recommande de bercer l'enfant sans brusquerie[2]. Guillemeau veut, en outre, que la nourrice l'endorme par ses chants : « Pour le convier à dormir, il sera doucement bercé et non rudement, craignant de faire flotter son laict dedans son estomach. Sa nourrice pourra chanter près de luy, d'autant que le chant luy provoque le dormir et l'empesche de crier[3]. »

Aussitôt que les Enfants de France avaient été déposés dans leur berceau, le grand maître des cérémonies ou un ministre désigné par le roi étaient introduits auprès du bébé. Solennellement, ils déposaient sur ses langes les insignes de l'ordre de Saint-Louis[4], qui venait de lui être conféré. Ils y joignaient parfois le cordon bleu de l'ordre du Saint-Esprit[5], qui,

[1] Voy. Hilarion Barthety, *Le berceau de Henri IV*. Pau, 1893, in-8°.

[2] « Or, il ne faut les bercer trop fort, mais bellement. » Page 943.

[3] Page 398.

[4] Ordre créé par Louis XIV en 1693.

[5] Créé par Henri III en 1578.

en général, n'était accordé qu'un peu plus tard. Louis XIII le reçut le 4 février 1604, à deux ans et demi [1] ; Louis XV [2] et le premier Dauphin fils de Louis XVI [3] le reçurent le jour même de leur naissance [4].

Une autre cérémonie consistait à passer au nouveau-né sa première chemise. Louis XIII avait quinze jours quand il la vêtit. Elle lui fut apportée par une huguenote, la duchesse de Bar, sœur de Henri IV. La remueuse dut lui rappeler qu'en cette circonstance, il fallait faire le signe de la croix. « Faites-le donc pour moi, dit-elle en souriant, car je ne sais pas le faire [5]. »

Les premières chemises de Louis XIV lui furent fournies par le pape. Au mois de juil-

[1] Héroard, t. I, p. 62.
[2] Saint-Simon, *Mémoires*, t. VII, p. 276.
[3] *Mercure de France*, n° de novembre 1781, p. 22.
[4] En ce qui concerne le cordon bleu, Saint-Simon n'est pas toujours bien renseigné. Il écrit que :

Louis XIII le reçut à	9 ans.
Gaston d'Orléans	11 —
Louis XIV	16 —
Duc du Maine	16 —
Duc de Bourgogne	14 —
Louis XV	11 —
Duc d'Orléans (le Régent)	12 —

(Additions au *Journal* de Dangeau, t. II, p. 259 et suiv.)

[5] Héroard, t. I, p. 7.

let 1639, le cardinal Sforza, nonce aposto-
lique, apporta à Paris des langes que le Saint-
Père avait bénits et qu'il offrait au petit Dauphin, « pour tesmoignage qu'il le reconnoist
fils aisné de l'Église. » Ils étaient contenus dans
trois caisses recouvertes de velours rouge bordé
d'argent et ayant leurs clous, leur serrure,
leurs clefs et leurs anneaux en argent.

La *Gazette de France* en donne l'énumération suivante :

Dans la première, il y a un grand lange de toile
d'argent en broderie d'or, relevée et parsemée de
fleurs au naturel, doublée d'une autre toile d'argent à fleurs d'or.

Une grande mante ou couverture de toile d'argent à fleurons et broderie d'or, avec les armes et
chiffres de sa Saincteté et de sa Majesté, doublée
de toile d'argent à fleurs d'or.

Deux bandes de toile d'argent en broderie d'or,
l'une avec les armes et chiffres de sa Saincteté et
de sa Majesté; l'autre avec de la canetille d'or parsemée de fleurs au naturel et doublée de lames d'argent à fleurs d'or.

Une grande tavaïole [1] de tafetas rouge cramoisy,
garnie d'une grande dentelle d'or tout autour.

---

[1] « Tavayole. Toilette dont on se sert parmi les catholi-
ques romains en quelques cérémonies de l'Église, comme
pour rendre le pain bénit ou pour présenter les enfans au
baptême. Elle est faite de toile bordée de dentelle, et quelquefois toute de point et d'autres ouvrages. » Furetière,

Un grand cuissin [1] de velours rouge en broderie
d'or, avec les armes et chiffres de sa Saincteté et de
sa Majesté.

Dans la seconde caisse il y a :

Une autre tavaïole de tafetas de Florence [2] rouge
cramoisy, avec une grande dentelle d'or.

Une bande de lames d'argent en broderie d'or,
parsemée de fleurs au naturel, ayant en chef une
ovale où sont les portraits des saincts Urbain, Pape,
et Louys, Roy de France, faits à l'esguille, de poinct
en broderie de soye, doublée de toile d'argent à
fleurs d'or.

Une autre bande de toile d'argent, en broderie
aussi d'argent plat, ayant en chef une ovale où est
la nativité de nostre Seigneur Jésus-Christ, faite à
l'esguille de poinct en broderie de soye.

Deux langes de drap d'Angleterre. L'un d'escarlate brodé d'or traict des deux costez, et cantonné [3]
de quatre mousches à miel aussi d'or. L'autre blanc,
brodé d'argent traict, et cantonné de quatre autres
mousches à miel d'argent.

Une tavaïole de tafetas de Florence rouge cramoisy, garnie tout autour d'une grande dentelle d'or.

Un cuissin de velours rouge cramoisy, en broderie,
avec les chiffres de sa Saincteté et du Roy.

Dictionnaire des mots françois, édit. de 1727, t. IV, sans
pagination.

[1] Coussin.

[2] S'il faut en croire Savary (*Dictionnaire du commerce*,
édit. de 1723, t. II, p. 1649), les taffetas dits de Florence se
fabriquaient à Lyon.

[3] Orné à chaque coin.

Une caisse de toile d'argent en broderie d'or avec soubassemens, serrure, clef et anneaux d'argent, doublée de mesme toile d'argent, dans laquelle il y a :

Une tavaïole de tafetas incarnat, avec une dentelle d'argent autour.

Quatre linceuls [1] de Cambray [2] garnis tout autour de dentelles de Flandres, avec de l'entre-toile aux coustures.

Quatre testes d'oreillers, sçavoir : deux grandes et deux petites de toile de Cambray, garnies tout autour de poinct de Gênes, et chacune de vingt boutons d'or émaillez de noir et d'azur.

Quatre bandes fort longues de toiles de Cambray, toutes ouvrées de poinct de Gênes, avec quatre bavettes de mesme toille et ouvrage.

Un mouchoir de toile de soye, garni d'un poinct de Gênes d'un quart d'aune de haut.

Deux chemises de Cambray très-fines, avec de l'ouvrage d'un demi-tiers par toutes les coustures, et une grande dentelle de poinct de Gênes par le bas, les rabats et manchettes de toile de soye, ouvrez de mesme poinct de Gênes, avec des boutons d'or autour du col et manchettes.

Deux autres chemises de fine toile de Cambray, ouvrées de poinct de Gênes de fil peint ; les rabats et manchettes de toile de soye, ouvrez de mesme poinct de Gênes et de fil peint, avec des boutons d'or autour du col et manchettes.

Deux béguins de poinct de Gênes, l'un à fil blanc,

---

[1] Quatre draps.
[2] La toile de Cambrai était ordinairement de la batiste.

l'autre à fil peint ; deux autres de toile de soie avec
du poinct de Gênes : aussi l'un à fil blanc, l'autre
peint.

Deux couches de toile de soye ouvrées, à bandes
de Gênes et fil blanc.

Deux testières, aussi de toile de soye. L'une de
deux aunes de long et une de large, ouvrée avec
du poinct de Gênes en chef d'un quart d'aune, et
tout autour d'un demi quart avec de la dentelle de
mesme poinct de Gênes. L'autre de deux aunes de
long et large de demie, de pareil ouvrage que la
précédente, mais de fil peint.

Une autre testière de très fine toile de soye, de
deux aunes de long et large de demie, avec pareil
ouvrage de fil blanc.

Deux cuissins de velours incarnat en broderie,
remplis d'ambre et autres excellens parfums [1].

Le pape fit, dès lors, un don de ce genre à
chaque Dauphin. Le nonce ou un envoyé spécial l'apportait à Versailles en grande cérémonie. Dès que son arrivée était signalée, la
maison du roi se mettait sous les armes et les
tambours battaient aux champs [2]. Le représentant du Saint-Père était conduit aux appartements du nouveau-né, et il étendait solennellement devant lui les tavaïolles et les langes.

---

[1] *Gazette de France*, n° du 23 juillet 1639, p. 442. —
Passage reproduit dans Godefroy, *Cérémonial françois*,
édit. de 1649, t. II, p. 243.

[2] S. Mercier, *Tableau de Paris*, t. VII, p. 58.

L'enfant devait les toucher de la main, et recevait ensuite la bénédiction pontificale [1]. Quand il ne s'agissait pas d'un Dauphin, la layette était fournie par le roi. Pour le premier enfant, elle revenait à environ 200,000 francs ; les suivantes étaient commandées par la gouvernante, et ne devaient pas coûter plus de dix mille écus [2].

A la fin du dix-huitième siècle, une riche layette était ainsi composée :

POUR LA MÈRE :

Six linges de sein.
Douze goussets pour le lait.
Deux chemises de couche.
Six paires de manches en amadis [3], dont quatre en mousseline et deux en dentelle.
Douze alaises plates.
Douze alaises plissées.
Six bandes de ventre.
Deux déshabillés de mousseline.

[1] Duc de Luynes, *Mémoires*, juin 1753, t. XII, p. 473.
[2] *Ibid.*, 7 mars 1750, t. X, p. 225.
[3] Au dix-septième siècle, ces mots désignaient des manches « qui s'épanouissaient par un vaste parement retroussé jusqu'au pli du bras. » (J. Quicherat, *Histoire du costume*, p. 528.) Vers la fin du dix-huitième siècle, les manches en amadis étaient, au contraire, serrées et boutonnées au poignet. (Voy. le *Dictionnaire de Trévoux*, édit. de 1771, v° amadis.)

Soixante-douze chauffoirs.

Six camisoles en amadis, avec ou sans coquelu-chon.

Un grand couvre-pied pour le lit.

Un plus petit pour la chaise longue.

Pour l'enfant.

Tête :

Quarante-huit béguins.

Deux têtières.

Vingt-quatre tours de bonnets de laine, de trois longueurs.

Vingt-quatre cornettes pour la nuit, de trois âges.

Vingt-quatre bonnets ronds, de trois âges, en mousseline ou en dentelle.

Vingt-quatre mouchoirs de col, en batiste, garnis en mousseline.

Six serviettes de col, garnies en mousseline.

Six bonnets de laine.

Corps :

Soixante et douze couches.

Douze bandes de maillot.

Dix-huit langes de futaine.

Six serviettes unies, pour mettre la nuit autour des langes de laine.

Deux langes piqués en mousseline.

Deux tours de langes, pour les langes piqués en mousseline.

Un beau tour de lange, pour le lange piqué en satin blanc ci-dessous.

Vingt-quatre chemises de brassière, de trois âges.

Douze bavoirs de deux âges, garnis ou en mousseline ou en dentelle.

Trente-six mouchoirs à essuyer l'enfant.

Six langes de drap de Dreux.

Quatre langes d'espagnolette [1].

Un lange piqué en satin blanc.

Six brassières d'espagnolette.

Deux parures, consistant en deux béguins, deux bonnets ronds, quatre bavoirs, deux grandes coëffes, deux biais, six paires de mitaines de fil.

BERCEAU :

Un berceau.

Un dessus de berceau d'étoffe.

Un dedans de berceau, autrement dessus d'archet en toile.

Un matelas.

Deux paillasses et six paillassons remplis de paille d'avoine.

Six paires de drap.

Deux couvertures de laine.

Deux oreillers de plume. Savoir : un quarré pour le berceau, et un long que la nourrice met sur ses genoux quand elle emmaillote l'enfant.

Douze taies d'oreiller. Savoir : six pour l'oreiller quarré et six pour l'oreiller long [2].

---

[1] Sorte de droguet.

[2] De Garsault, *L'art de la lingère*. Dans J.-E. Bertrand, *Description des arts et métiers*, t. XIV, p. 144.

Le xvi. chapitre coment le roy
clouis entioya querir la icune
pucelle en bourgoingne Et
puis comment il lespousa en
la ville de soissons.

D'après les *Chroniques de France*, édition de 1493.

CHAPITRE II

LA NOURRICE.

I

LE LAIT MATERNEL.

Les mères renoncent de bonne heure à nourrir leurs enfants. — Le roman de *Robert le Diable*. — Blanche de Castille n'a pas nourri saint Louis. — Légende extraite du *Chevalier au cygne*. — Reproches qu'adressent les moralistes et les médecins aux femmes qui ne nourrissent pas leurs enfants. — Opinion du Franciscain Pierre des Gros, des poètes Jean Bouchet et Guillaume Coquillart. — Henri Étienne. — Marguerite de Valois et la comtesse de Lalain. — Les joies de la maternité, d'après le médecin Laurent Joubert. — Les mères du Beauvaisis donnent l'exemple aux mères de Paris. — Doctrine du médecin Philippe Hecquet. Accroissement de force et de santé qu'obtiennent les mères qui nourrissént. — Tous les enfants sont mis en nourrice. — L'enfance de Talleyrand. — Effroyable mortalité. — Conséquence des soins dont on entoure aujourd'hui les enfants. — L'*Emile* de Jean-Jacques Rousseau. Son influence. Toutes les mères veulent nourrir. — Pourquoi les médecins sont forcés de le leur interdire. — La comtesse d'Artois et Marie-Antoinette. — A la fin du dix-huitième siècle, les mères renoncent à nourrir.

Le vœu de la nature est évidemment que les mères nourrissent leurs enfants; elle a façonné

dans cette intention leur corps aussi bien que
leur cœur. Il faut pourtant reconnaître que les
femmes cherchèrent, de bonne heure, à élu-
der ce premier devoir de la maternité; et cela
même au temps où, plus vigoureuses.et plus
saines qu'aujourd'hui, elles n'étaient ni dis-
traites, ni affaiblies par ce que nous appelons
les exigences du monde.

Le roman de *Robert le Diable*, écrit au treizième siècle, nous apprend que ce fut une
étrangère qui offrit son sein à ce légendaire
guerrier :

> Quant li enfes [1] ot [2] pris baptesme,
> Et seil [3] et oile [4] et eve [5] et cresme [6],
> Dont li fait noriches [7] venir
> Por alaitier et por norir [8].

On lit partout que Blanche de Castille nourrit saint Louis de son lait. M. Henri Martin
raconte même à ce sujet une anecdote très
touchante, et dont le seul défaut est de n'avoir

---

[1] L'enfant.
[2] Eut.
[3] Le sel que l'on mettait sur la langue de l'enfant.
[4] Huile.
[5] Eau.
[6] Le saint chrème.
[7] Nourrices.
[8] *Le roman de Robert le Diable, publié pour la première
fois par G.-S. Trébutien, f° 1, verso.*

aucune valeur historique. Une dame de la
Cour, dit-il, ayant un jour donné le sein à
l'enfant, Blanche mit les doigts dans la bouche
de son cher nourrisson, pour le forcer à
rendre le lait de l'étrangère[1].

M. Henri Martin ne dit pas d'où il a tiré ce
joli récit, ni comment il s'est cru autorisé à
l'appliquer à saint Louis. Ce qui est certain, c'est
que le fait se rencontre dans une chanson de geste
composée au treizième siècle, en 1268 au plus
tard. Eustache, comte de Boulogne, a épousé
Ide, fille de la comtesse de Bouillon. De ce
mariage sont nés trois enfants, Godefroi, Eustache et Baudouin, que la comtesse voulut
nourrir elle-même. Un jour, allant entendre
la messe dans sa chapelle, elle avait confié
Godefroi à une servante. L'enfant pleura et,
pour apaiser ses cris, une nourrice fut appelée qui lui présenta le sein. La comtesse
revint : Pourquoi, dit-elle, cet enfant a-t-il les
lèvres humides ? — Dame, répondit la mes-
chine, il a pleuré et je lui ai fait prendre le
sein d'une damoiselle :

Dame, or s'esveilla, moult menoit grant hacle,
Je l' fis bien alaiter à une damoisele.

---

[1] *Histoire de France,* t. IV, p. 134.

A ces mots, la douleur et l'indignation de la mère furent extrêmes :

Quant la comtesse l'ot, tot li cuers li cancele.
De la dolor qu'ele ot s'asist sor une sele,
Moult forment li sospire li cuers sos la mamele.

Puis elle prit son enfant par les pieds, le renversa la tête en bas, et lui fit rendre jusqu'à la dernière goutte le lait qu'il avait avalé[1].

Tout ceci est du roman, non de l'histoire. Saint Louis eut une nourrice, Marie la Picarde, dont M. Tardif a récemment retrouvé le nom[2], et il ne faut ajouter aucune créance à l'anecdote racontée par M. Henri Martin[3].

Deux siècles plus tard, les femmes font encore allaiter leurs enfants par des mercenaires, et un austère Franciscain nous en donne tout crûment les raisons : « La première, pour ce que ce n'est pas la coutume de nourrir; la

---

[1] *Le chevalier au cygne et Godefroi de Bouillon*, édit. Reiffenberg, t. I, p. 125 et t. III, p. XXVII. Voy. encore : *La chanson du chevalier au cygne*, édit. Hippeau, t. II, p. 26, et Paulin Paris, *Les manuscrits françois de la Bibliothèque du roi*, t. VI, p. 188.

[2] Voy. *Inventaire des monuments historiques conservés aux Archives nationales*. Cartons des rois, n° 1748, p. 423.

[3] Cette opinion vient d'être confirmée par M. Élie Berger. Voy. son *Histoire de Blanche de Castille*, p. 21.

seconde, pour plus garder leur beauté et fres-
cheté ; la tierce, pour plus prendre esbatement à leurs maris, et c'est incontinence [1]. »

Moralistes et médecins unissaient leurs
efforts pour persuader les mères insouciantes
ou frivoles. Le poète Jean Bouchet ne les
ménage pas plus que Pierre des Gros :

> Aprés qu'elle a son enfant enfanté,
> Si ès tétins a du laict à planté [2]
> Ou à suffire, mère doit par nature,
> Et selon Dieu, à son fruict nourriture.
> Dieu ne luy a laict et tétins donnez
> Pour ses plaisirs fols et désordonnez,
> Mais pour nourrir son fruict de la mammelle [3].

Un contemporain de Jean Bouchet, le cha-
noine Guillaume Coquillart, devenu sur ses
vieux jours le peintre égrillard de la corruption bourgeoise au quinzième siècle, tenta, il
est vrai, de prêcher une autre morale. La
jeune femme, écrit-il, qui n'est pas rassasiée
des plaisirs du monde, a bien raison de ne
pas nourrir ses enfants :

[1] Pierre des Gros, *Le Jardin des nobles*, ouvrage resté
manuscrit. Cité par M. P. Paris, *Les manuscrits françois*, etc., t. II, p. 159.

[2] En grande quantité.

[3] *Epistres morales et familières*, 1545, in-folio, folio 24,
recto.

Jeune femme qui n'est pas saoulle
Encor de plaisance mondaine
Ne doit rendre jamais son raoulle [1]
Si tost par voulenté soudaine.
Ainsi, ce n'est pas chose vaine
Si femme mignote et fétisse [2],
De peur d'enlaydir en la peine
Reffuse à devenir nourrice.

Le poète trace ensuite, de la femme qui s'est fatiguée à nourrir, un portrait trop réaliste pour que je puisse le reproduire. Puis, comme malgré lui, il conclut ainsi :

Combien que c'est chose propice
Et selon droit, comme je tien,
Que toute beste, saige ou nice [3]
Est tenue de nourrir le sien [4].

Le savant Henri Étienne, dont on ne déclinera pas la compétence en pareille matière, car il avait eu trois femmes et quatorze enfants, a traité aussi ce sujet, et l'âpreté de son style montre bien la passion qu'il y apportait. Voyez :

Je suis maintenant en doute si je me doy taire des femmes qui abandonnent leurs enfans aux

---

[1] Son rôle.
[2] Bien faite.
[3] Sage ou niaise.
[4] Édit. elzévir., t. I, p. 58.

premières nourrisses qu'elles rencontrent..., et
qui, depuis les avoir mis en leurs mains, n'y pen-
sent guère on du tout point, sinon à l'heure qu'on
leur vient dire les nouvelles de la mort de ces povres
nourrissons.

Si je n'ose dire que telles mères sont meurdrières
(et principalement quand ceci se fait par celles qui
n'ont point excuse légitime, les dispensant de faire
elles-mesmes office de mère), je ne feray point de
difficulté de dire jusque-là (et s'en scandalise celle
qui voudra, car il me suffit de n'offenser point les
femmes de bien), qu'elles font pis que les payens
et payennes qui exposoyent leurs enfans. Car si
elles allèguent que tous les enfans de ceux qui
tombent ainsi entre les mains des nourrisses ne
meurent pas, je leur répondray qu'aussi ne mou-
royent pas tous les enfans qui estoyent exposez.
Ains avenoit à plusieurs des rencontres qui les fai-
soyent heureux toute leur vie : au lieu que ceux
qui sont en la charge de telles vilaines, s'ils ne
meurent bien tost après, pour le moins en rap-
portent des maux et des maladies qui les rendent,
au contraire, malheureux pour tout le temps de
leur vie [1].

Marguerite de Valois, fille et femme de roi,
n'eut point d'enfant, et à en juger par son caractère et sa conduite, il est peu probable
qu'elle eût su sacrifier ses plaisirs à ses devoirs

_____

[1] *Apologie pour Hérodote,* édit. Ristelhuber, t. I, p. 396.
— La première édition parut en 1566.

de mère. Elle n'en admirait pas moins cette
vertu chez les autres. Elle raconte dans ses
Mémoires qu'au milieu d'un repas d'apparat,
étant placée à côté de la comtesse de Lalain,
celle-ci, bien que couverte de velours, d'or et
de pierreries, se fit apporter son enfant, le
mit entre elles deux, et « librement se débou-
tonna, baillant son tétin à son petit [1]. »

Ces bonnes mères étaient admirées plus
qu'imitées. Donnons donc la parole à un médecin, le docte Laurent Joubert, que Henri III
avait fait venir à Paris pour le consulter sur la
stérilité de la reine. Dans son curieux traité
Des erreurs populaires et des propos vulgaires
touchant la médecine [2], le premier chapitre du
cinquième livre a pour titre : *Exhortation à*
toutes les mères de nourrir leurs enfans, et l'on
va voir qu'il ne leur ménage ni les sages conseils, ni les réprimandes. La citation est un

---

[1] « Ce qui eust esté tenu à incivilité à quelqu'autre ; mais
elle le faisoit avec tant de grâce et de naïfveté qu'elle en
receut autant de louanges que la compagnie de plaisir. »
Mémoires, édit. Michaud, p. 428.

[2] Publié en 1578 et dédié à Marguerite de Navarre, que
Joubert appelle « l'une des plus chastes et des plus vertueu-
ses princesses du monde. » Mais les sujets scabreux qu'aborde
l'auteur dans ce volume et la façon licencieuse dont il les
traite, firent regarder la dédicace comme inconvenante.
Aussi les éditions suivantes furent-elles dédiées à Pibrac.

peu longue, mais j'ose croire que personne ne s'en plaindra. Il y a là un naïf tableau des grâces de l'enfance et des charmes de la maternité que l'on ne se fût guère attendu à rencontrer dans un pareil ouvrage et que je recommande à toutes les mères :

Pensez-vous que nature ayt donné aux femmes des mammelles pour ornement de leur poictrine et non pour nourrir leurs enfans? Ne sont-ce pas femmes prodigieuses celles qui travaillent à tarir et estaindre cette très sacrée fontaine du corps, nourrice du genre humain, et mesmement avec danger de leur personne, à cause du retour et de la corruption du laict? Quelle différence y a-t-il de cette folie à la forcenerie de celles qui s'efforcent, par certaines meschantes inventions, de se faire avorter, à ce que la lizeur et polie planure de leur ventre ne vienne à se corrompre, qu'il ne se fendille, s'estende et amplie [1] de la pesanteur du fardeau et du travail de l'enfantement?

Si les femmes sçavoyent quel plaisir il y a de nourrir ses enfans, duquel jouyssent leurs nourrices, elles se louëroyent plus-tost à nourrir les enfans d'autruy que de quitter les leurs. Et d'où procède que les nourrices communément sont tant amoureuses et passionnées des enfans qui leur sont estrangiers, sinon de l'extrême plaisir qu'elles y reçoivent? Lequel, sans comparaison, est plus

---

[1] Grossisse.

grand que toutes les peines que donnent les enfans,
dont il efface aisément les fascheries de la subjec-
tion [1] et quelque mauvais temps qu'on en a.

Suit le délicieux passage dont je parlais tout
à l'heure :

Je vous prie, que l'on estime un peu le plaisir
que l'enfant donne. Quand il veut rire, comment
il serre à demy ses petits yeux ; quand il veut pleurer, comment il fait la petite lippe ; quand il veut
parler, comment il fait des gestes et signes de ses
petits doigts ; comment il bégayë de bonne grâce,
et double quelques mots, contrefaisant le langage
qu'il apprend ; quand il veut cheminer, comment il
chancelle de ses petits pieds.

Y a-t-il passe-temps pareil à celuy que donne
un enfant qui mignarde et flatte sa nourrice en
tettant : quand d'une main il descouvre et manie
l'autre tétin, de l'autre luy prend ses cheveux ou
son collet en s'y jouant ; quand il rue coups de
pieds à ceux qui le veulent destourner, et en un
mesme instant jette de ses yeux gracieux mille
petits ris et œillades à la nourrice.

Quel plaisir est-ce de le voir parfois dépiteux et
fasché d'un rien, fogner [2] pour une épingle, se ver-
ser par terre, frapper et rudoyer ceux qui le veulent ou apaiser ou prendre et emporter ; comment
il rejette l'or, l'argent, les bagues et joyaux qu'on
lui présente pour faire l'appointement [3], et tout sou-

---

[1] Les ennuis de la domesticité.
[2] Gronder. Mais on écrivait ordinairement *foigner*.
[3] Le raccommodement.

dain on le regagne pour une pomme ou pour un
fétu. Quel plaisir est d'entendre les folies des petits
enfans, et voir leurs badineries; d'ouyr ce qu'ils
respondent aux demandes; les questions et discours puérils qu'ils font, les sottises qu'ils disent,
et les propos qu'on ne sçait d'où ils viennent.
N'y a-t-il pas grand plaisir de les voir jouër
avec les chiens, avec les chats, ou courir après eux ;
pétrir de la terre, et en bastir des maisons ou des
fours; contrefaire l'arquebusier, le coureur de
lance[1], le piquier ; sonner du tabourin ; contrefaire
les sages; pleurer d'un moineau que le chat leur
a prins, ou des oiseaux qui volent et qu'ils ne
peuvent avoir; pleurer pour une noix qu'ils ont
perdue, et semblables chosettes ?

N'y a-t-il pas plaisir et passe-temps quand ils ne
veulent quitter leur mère ou leur nourrice, et ne
veulent aller à autre personne, quelque présent ou
flatterie qu'on leur sache faire : et il se faut desro-
ber finement d'eux; quand ils ne veulent permettre
que leur nourrice caresse en leur présence un autre
enfant ou que luy donne à tetter; quand ils se
mettent en devoir de la deffendre si quelqu'un la
menace ou fait semblant de la battre; comment il
crie le premier et se tempeste pour vindiquer[2]
l'outrage. Ceste grand amour, jointe à jalousie, est
si plaisante et agréable qu'elle ravit tout le cœur
d'une nourrice si elle est de bon naturel, humaine

---

[1] Imiter les chevaliers rompant des lances dans un tournoi.

[2] Pour venger.

et gratieuse tellement qu'elle n'aimera pas davantage ses propres enfans que l'estrangier qu'elle nourrit.

Et que peut-il estre quand la mère propre est sa nourrice? Si vous prenez plaisir à ce qu'un autre aura fait, comme à un livre, une peinture ou autre chose artificielle, combien plus à ce qui sera sorty de vostre esprit? Sans doute l'amour et le plaisir redoublent à l'endroit des mères qui nourrissent leurs enfans.

Passons une dizaine de pages, et venons à la conclusion.

Les femmes s'excusent sur leurs marys, ausquels elles sont (comme doivent estre) subjetes. Car il y a plusieurs marys qui ne veulent pas ouyr ou endurer le bruit et la tintamarre que donnent souvent les enfans. Dont il faut faire chambre à part, et les bonnes femmes ne consentent pas volontiers d'estre séparées de leurs marys. Il y en a aussi qui ne veulent permettre à leur femme de nourrir, affin que leurs tétins demeurent plus jolys, qu'ils se plaisent à manier, non pas des tétins mols. Il y en a d'autres qui haïssent la senteur du laict au sein de leurs femmes. Les voilà bien délicats ! Et la pluspart de ceux qui parlent ainsi font plus souvent l'amour à la nourrice qu'à leur femme... Si les bonnes femmes sont bien advisées, elles garderont honnestement leurs marys de ce péché mortel, en n'acceptant aucunes nourrices, ny dans leurs maisons ny ailleurs, ains faisant elles mesmes ce devoir de nature : et Dieu bénira leur labeur [1].

Ce devoir, on trouvait encore dans les petites villes des femmes qui voulaient bien le
remplir [2], et l'avocat Loisel cite, parmi elles,
les dames de Beauvais, « la pluspart, dit-il,
sont doublement mères, c'est-à-dire nourrices de leurs enfans [3]. » Ainsi, même en province, le fait était assez exceptionnel pour que
l'on ne négligeât point de le constater avec
éloge. «Quant à Paris, qui est la Babilone de
la France, où règne le désordre, la licence et
le libertinage, que l'on appelle vulgairement
le paradis des femmes, l'abus [4] y est si vieil et
si enraciné que l'on ne peut assez le noircir
ny le descrier, pour tascher de le ruiner et de

[1] Édit. de 1608, p. 401 et suiv.

[2] « L'on voit encore à présent dans les petites villes que
cette louable coustume n'est pas tout-à-fait abolie ny négligée, se trouvant quelque fois de bonnes et honnestes damoi-
selles qui ne tiennent point à deshonneur de rendre à leurs
enfans ce bon office que la nature leur ordonne. » Claude
Joly, *Traité de la nourriture des petits enfans, pour monstrer que les mères sont obligées en conscience de les nourrir
de leur propre lait, quand elles le peuvent sans préjudice
de leur santé ou n'ont point d'autre empeschement légitime.*
A la suite de *Les deux livres de l'estat de mariage, composés en latin par François Barbaro, traduction nouvelle.*
1667, in-18, p. 284.

[3] Antoine Loisel, *Mémoires des pays de Beauvais et
Beauvaisis.* 1617, in-4°, p. 26.

[4] L'abus des nourrices.

restablir le saint et louable usage des temps
passés [1]. »

Claude Joly ne fut point entendu, non plus
que le médecin Philippe Hecquet [2], doyen de
la Faculté de Paris, qui soutint la même thèse
au commencement du dix-huitième siècle.
Celui-ci n'admet même pas l'excuse tirée de
la faiblesse de la mère. Il nous apprend
d'abord que les Anglaises se guérissent de
la phtisie en nourrissant leurs enfants. Il dé-
montre ensuite, avec une réjouissante clarté,
que l'état de grossesse pas plus que l'office de
nourrice ne sauraient affaiblir une femme. En
effet, ses évacuations périodiques peuvent
être évaluées à vingt livres de sang par an ;
elles sont supprimées durant la grossesse, d'où
résulte, pour neuf mois, une économie d'environ quinze livres de sang, qui sert à former
l'enfant; et comme, au moment de sa naissance, il ne pèse guère plus de dix livres, il
est évident que la mère a bénéficié de la différence.

Il en va exactement de même pour la
femme qui nourrit. En temps ordinaire, elle
perd, par la transpiration, les deux tiers des

[1] Claude Joly, p. 287.
[2] Voy. sur lui les *Variétés gastronomiques*, p. 153.

aliments qu'elle prend, perte à peu près supprimée tant qu'elle est nourrice. Une moitié
environ se transforme en lait ; il reste donc un
tiers non employé, et que la providence, toujours admirable en ses desseins, destine à sou-
tenir les forces de la mère [1].

Ces ingénieux calculs ne convainquirent
personne, et, dix ans après, un célèbre
accoucheur pouvait écrire : « Aujourd'hui,
non seulement les dames de qualité, mais encore les bourgeoises et les femmes des moindres artisans ont perdu l'habitude de nourrir
leurs enfans [2]. » Il est vrai que l'on était alors
en pleine Régence, un temps où les femmes
se préoccupaient surtout de conserver intacte
leur beauté et n'entendaient pas dépenser leur
jeunesse en occupations sérieuses. Quarante
ans plus tard, on estimait à douze mille dans
Paris seulement, le nombre des mères qui
n'allaitaient pas leurs enfants, et il fallait re-

---

[1] *De l'indécence aux hommes d'accoucher les femmes, et
de l'obligation aux femmes de nourrir leurs enfans. Pour
montrer, par des raisons de physique, de morale et de médecine, que les mères n'exposeroient ni leurs vies ni celles
de leurs enfans en se passant ordinairement d'accoucheurs
et de nourrices.* 1708, in-18, p. 109.

[2] Dionis, *Traité général des accouchemens*, 1718, in-12,
p. 355.

courir pour beaucoup d'entre eux au lait des animaux [1].

Donc, que l'on fût un Lauzun [2], un Talley-rand [3] ou une petite bourgeoise comme ma-dame Roland [4], l'on était mis en nourrice. « La mode des soins paternels, raconte Tal-leyrand, n'était pas encore arrivée. La mode même était tout autre dans mon enfance; aussi ai-je été laissé plusieurs années dans un faubourg de Paris. A quatre ans, j'y étais en-core. C'est à cet âge que la femme chez laquelle on m'avait mis en pension me laissa tomber de dessus une commode. Je me démis un pied; elle fut plusieurs mois sans le dire; on s'en aperçut lorsqu'on vint me prendre [5].»! Notez que l'enfant ainsi abandonné était le descendant d'une famille déjà illustre au qua-torzième siècle, et qu'en sa qualité de fils aîné, d'héritier du nom et des armes, il était destiné à la carrière militaire.

Les résultats de cette inconcevable insou-ciance nous sont révélés, en trois lignes, par

[1] *Vues d'un citoyen. Mémoire politique sur les enfans,* 1757, in-8°, II° partie, p. 8.
[2] Le duc, né en 1747. — Voy. ses *Mémoires*, t. I, p. 9.
[3] Né en 1754. — Il fut fait prince en 1806.
[4] Née en 1754.
[5] *Mémoires,* t. I, p. 7.

madame Roland : « ... Je fus leur second enfant. Mon père et ma mère en eurent sept,
mais tous les autres sont morts en nourrice [1]. »

La mortalité des nouveau-nés était effroyable. Aucune statistique n'existait encore,
mais ce qui se passe aujourd'hui, après tant
de progrès accomplis, peut jeter, par comparaison, quelque lumière sur le passé. En 1892,
le nombre des naissances à Paris a été
de 65,008. Dans ce nombre :

Sont morts au-dessous d'un an 8,743 enfants
  — de 1 à 2 ans. . . . 2,858 —
  — de 2 à 3 ans. . . . 1,422 —

     Total 13,023 —[2]

Soit un enfant sur cinq. Nous ne serons
donc guère au-dessus de la réalité en supposant qu'il mourait alors, avant l'âge de trois
ans, un enfant sur deux.

Ceci, il faut bien le dire, au grand avantage de la race, maintenue belle et forte par
cette involontaire sélection. Seules les natures
vigoureuses résistaient ; tandis que les soins,
prodigués de nos jours aux plus malingres

---

[1] *Mémoires*, t. I, p. 6.
[2] *Annuaire statistique de la ville de Paris pour* 1892,
p. 100 et 150.

rejetons, réussissent à prolonger leur existence
juste assez pour leur permettre de reproduire
des êtres à qui ils transmettent une diathèse
que ceux-ci auront le temps de transmettre à
leur tour avant d'y succomber. De là, les con-
séquences que l'on sait, la phtisie, par
exemple, enlevant à elle seule dans Paris
165 personnes chaque semaine [1].

Sur ces entrefaites, parut l'*Émile* de J.-J.
Rousseau [2], où se trouvait reprise la thèse de
Hecquet, mais avec plus de bon sens et dans
un autre style. L'effet fut immense, une véritable révolution se produisit. Que disait Rousseau ?

Les femmes ont cessé d'être mères ; elles ne le
seront plus ; elles ne veulent plus l'être. Quand
elles le voudroient, à peine le pourroient-elles.
Aujourd'hui que l'usage contraire est établi, chacune
auroit à combattre l'opposition de toutes celles qui
les approchent, liguées contre un exemple que les
unes n'ont pas donné et que les autres ne veulent
pas suivre...

J'ai vu quelquefois le petit manège des jeunes

---

[1] C'est la moyenne acceptée par le service de la statistique. Le nombre réel varie, suivant les saisons, entre 148
et 193.

[2] La première édition fut publiée à Paris (sous la rubri-
que de La Haye) en 1762, 4 vol. in-8°.

femmes qui feignent de vouloir nourrir leurs enfans. On sait se faire presser de renoncer à cette fantaisie : on fait adroitement intervenir les époux, les médecins, surtout les mères. Un mari qui oseroit consentir que sa femme nourrît son enfant seroit un homme perdu; l'on en feroit un assassin qui veut se défaire d'elle...

L'enfant a-t-il moins besoin des soins d'une mère que de sa mamelle? D'autres femmes, des bêtes même, pourront lui donner le lait qu'elle lui refuse : la sollicitude maternelle ne se supplée point. Celle qui nourrit l'enfant d'une autre au lieu du sien est une mauvaise mère; comment sera-t-elle une bonne nourrice? Elle pourra le devenir, mais lentement; il faudra que l'habitude change la nature : et l'enfant, mal soigné, aura le temps de périr cent fois avant que sa nourrice ait pris pour lui une tendresse de mère.

De cet avantage même, résulte un inconvénient qui seul devroit ôter à toute femme sensible le courage de faire nourrir son enfant par une autre, c'est celui de partager le droit de mère, ou plutôt de l'aliéner; de voir son enfant aimer une autre femme autant et plus qu'elle, de sentir que la tendresse qu'il conserve pour sa propre mère est une grâce, et que celle qu'il a pour sa mère adoptive est un devoir : car, où j'ai trouvé les soins d'une mère ne dois-je pas trouver l'attachement d'un fils?

Combien j'insisterois sur ce point, s'il étoit moins décourageant de rebattre en vain des sujets inutiles? Ceci tient à plus de choses qu'on ne pense. Voulez-vous rendre chacun à ses premiers devoirs, com-

mencez par les mères ; vous serez étonné des chan-.
gemens que vous produirez. Tout vient successivement de cette première dépravation : tout l'ordre
moral s'altère ; le naturel s'éteint dans tous les
cœurs ; l'intérieur des maisons prend un air moins
vivant ; le spectacle touchant d'une famille naissante
n'attache plus les maris, n'impose plus d'égards aux
étrangers ; on respecte moins la mère dont on ne
voit pas les enfans ; il n'y a point de résidence
dans les familles ; l'habitude ne renforce plus les
liens du sang ; il n'y a ni pères, ni mères, ni enfans,
ni frères, ni sœurs ; tous se connoissent à peine,
comment s'aimeroient-ils ? Chacun ne songe plus
qu'à soi. Quand la maison n'est qu'une triste soli-
tude, il faut bien aller s'égayer ailleurs[1].

Le philosophe qui plaidait si bien la cause
des pauvres petits contre l'indifférence de leurs
parents avait été père cinq fois, et cinq fois
il s'était débarrassé de ses nouveau-nés en
les envoyant aux Enfants trouvés. On ne voulut pas se le rappeler, et sous l'action de son
éloquente parole, un revirement complet se
produisit. La mode changea ; toutes les
femmes demandèrent à nourrir.

On constata presque aussitôt une augmen-
tation de la mortalité chez les enfants. Pourquoi ? C'est que Rousseau n'avait pas tout dit,

[1] Livre I.

et c'est précisément parce qu'il n'avait pas tout dit que ses conseils avaient été si bien suivis. Prescrire aux jeunes mères de nourrir leurs enfants, rien de mieux ; mais il aurait fallu en même temps leur enjoindre de renoncer au monde, aux spectacles, aux fêtes, à la vie agitée qui rendait leur lait échauffé et malsain[1]. Les médecins durent donc intervenir. Quelques mères sacrifièrent leurs plaisirs à leurs devoirs ; le plus grand nombre ne put s'y résoudre.

« On prétend que madame la comtesse d'Artois veut nourrir elle-même son enfant[2], » écrivait Métra, dans sa *Correspondance secrète*[3]. Marie-Antoinette, encore stérile après sept ans de mariage[4], devint enceinte en 1778. Elle dit à Lassone, son premier médecin : « Puisque Dieu m'accorde la grâce que j'ai tant désirée, je veux désormais vivre tout autrement que je n'ai fait. Je veux vivre en mère, nourrir mon enfant et me consacrer à

---

[1] Voy. Mad. de Genlis, *Dictionnaire des étiquettes*, t. I, p. 17. — Rétif de la Bretonne, *Les contemporaines*, 37ᵉ nouvelle, t. VI, p. 438.

[2] Cet enfant était le duc d'Angoulême, né faible d'esprit et qui mourut en 1844.

[3] A la date du 22 décembre 1774, t. I, p. 134.

[4] Voy. *L'enfant*, t. I, p. 158.

son éducation. » La reine accoucha, le 19 décembre, d'une fille [1] que trois nourrices attendaient [2] ; et, dix-huit jours après, elle faisait tout ce qu'il fallait pour devenir enceinte de nouveau [3].

Marie-Antoinette fit ses relevailles à Paris, au mois de janvier 1779. A cette occasion, l'on maria cent jeunes filles pauvres. L'on promit à chacune d'elles quinze francs par mois dès la naissance du premier enfant si la mère le nourrissait, dix francs seulement si elle le mettait en nourrice [4].

Le mois suivant, la Faculté de médecine mettait au concours cette question : « Quels sont les avantages, dans l'ordre physique, moral et politique, de l'allaitement des enfans par leurs mères [5] ? »

La proposition, encore controversée comme on voit, paraît avoir été définitivement tranchée, pour Paris au moins, dans les années qui suivirent. Sébastien Mercier écrivait, en

[1] *Madame Royale*, qui épousa le duc d'Angoulême.
[2] Voy. ci-dessous, p. 76 et suiv.
[3] Voy. de Lescure, *Correspondance secrète*, t. I, p. 170, 249 et 254.
[4] *Mémoires secrets*, t. XIII, p. 278.
[5] *Affiches, annonces et avis divers*, n° du 3 février 1777, p. 20.

effet, vers 1780 : « Les mères ne nourrissent
pas leurs enfans, et nous osons dire qu'elles
font bien. Ce n'est point dans l'air épais et
fétide de la capitale, ce n'est point au milieu
du tumulte des affaires, ce n'est point au
milieu de la vie trop active ou trop dissipée
qu'on y mène que l'on peut accomplir tous
les devoirs de la maternité... Il manque à
l'accouchée de la capitale le charme le plus
intéressant et qui donneroit à son état un air
plus respectable : l'enfant dans son berceau,
et attendant du sein maternel sa première
nourriture. Pendant un temps, les femmes
ont voulu nourrir elles-mêmes ; mais ce
n'étoit qu'une mode, elle a passé. La vie de
Paris sera toujours un obstacle à l'accom-
plissement de ce devoir sacré... Avec des
nourrices, des gouvernantes, des précepteurs,
des collèges et des couvens, certaines femmes
ne s'aperçoivent presque pas qu'elles sont
mères [1]. »

[1] *Tableau de Paris,* t. II, p. 231 ; t. IV, p. 144; t. VI,
p. 48.

II

LES BUREAUX DE PLACEMENT

Bureaux de placement pour les nourrices. — Les catherinettes et les recommandaresses. — Gages des nourrices
au quatorzième siècle. — Les meneurs. — Les nourrices
du quinzième au dix-septième siècle. — Nouveaux bureaux de recommandaresses. — Organisation du service
au début du dix-huitième siècle. — Les sous-locations
d'enfants. — Suppression des bureaux et leur réorgani-
sation. — Réforme complète opérée en 1769. — Les meneurs et leurs voitures. — L'inspecteur Framboisier. —
Nombre des domestiques à Paris. — Le service des nourrices à la fin du dix-huitième siècle. — Les dettes de mois
de nourrice.

Au douzième siècle déjà, il existait à Paris
des bureaux de placement pour les servantes
et les nourrices. C'étaient des sortes d'hôtel-
leries où les pauvres filles en quête de condition trouvaient le vivre et le couvert. On les
accueillait gratuitement à l'hôpital ou « hostel-
lerie » Sainte-Catherine [1], tenue par des religieuses que le peuple désignait sous le nom de
Catherinettes. Les établissements non gratuits
étaient dirigés par des femmes dites *comman-*

[1] A l'angle de la rue des Lombards et de la rue Saint-
Denis.

D'après le plan de J. Comboust, publié en 1652.

daresses ou *commanderesses*, *recommandaresses* ou *recommanderesses* [1]. On lit partout que ce métier était privilégié, et qu'il fut créé, vers 1330, par Philippe VI, en faveur de quatre belles filles qu'avait eues la nourrice de son fils Jean. Mais je n'ai rencontré nulle part la confirmation de ce fait, et il est bien certain que les recommandaresses existaient sous ce nom avant le règne de Philippe VI, car la *Taille de* 1292 en mentionne deux, dont l'une, appelée Ysabel, habitait la *rue aux Comman-deresses* [2].

La grande ordonnance du 30 janvier 1350 [3] régla le droit dû aux recommandaresses pour le placement des servantes et des nourrices : elles ne peuvent exiger plus de dix-huit deniers pour les premières et de deux sols pour les autres. Défense leur est faite de « louer deux fois en un an chambrière ou nourrice. » Les gages des nourrices sur lieu sont fixés à cinquante sols par an. L'ordonnance accorde le double à celles « nourrissans enfans

[1] Jusqu'à la fin du dix-huitième siècle, tous les actes officiels les nomment *recommandaresses*.

[2] Voy. la *Taille de* 1292, p. 115. — La rue aux Commanderesses devint la rue de la Vannerie. Elle a été supprimée en 1854.

[3] Sur cette ordonnance, voy. *L'hygiène*, p. 15.

hors la maison du père et de la mère [1]. »

Les recommandaresses eurent de bonne heure pour auxiliaires des *meneurs*. Ceux-ci leur amenaient des nourrices de la province. Après en avoir réuni un certain nombre, ils les entassaient sur une charrette, leur faisaient faire ainsi le voyage jusqu'à Paris ; puis les reconduisaient de la même manière dans leur village quand elles avaient trouvé un nourrisson. Mais l'histoire des recommandaresses ne commence à présenter quelque intérêt que vers la fin du dix-septième siècle [2]. En 1692, elles se chargeaient encore de placer à la fois les servantes et les nourrices. Les bureaux étaient au nombre de deux, l'un n'avait pas quitté la rue de la Vannerie, l'autre était établi rue du Crucifix Saint-Jacques [3].

La Déclaration du 29 janvier 1715 [4] créa

---

[1] Titre XXIX, art. 185 et 187. Dans les *Ordonnances royales*, t. II, p. 350 ; reproduite dans Isambert, *Anciennes lois françoises*, t. IV, p. 610.

[2] Pour les temps antérieurs, voy. l'*Encyclopédie méthodique*, Jurisprudence, t. X, p. 593 et suiv.

[3] Abraham du Pradel (Nicolas de Blégny), *Le livre commode pour* 1692, t. II, p. 49. — La rue du Crucifix a été supprimée par décret du 26 juillet 1852. Son emplacement est aujourd'hui compris dans la place Saint-Jacques la Boucherie.

[4] *Déclaration du Roy portant règlement pour les recommandaresses et les nourrices*, 1715, in-4°. On en trouve des

deux nouveaux bureaux de recommandaresses. Le premier restait rue du Crucifix, le
deuxième devait être installé rue de l'Échelle,
le troisième rue des Mauvais-Garçons Saint-
Germain [1], et le dernier près de la place Mau-
bert [2]. Les recommandaresses, qui jusque-là
relevaient du lieutenant criminel au Châtelet,
furent placées sous l'autorité du lieutenant
général de police [3]. Elles conservaient le droit
exclusif de recevoir et loger les nourrices [4].
Toute nourrice convaincue d'avoir en même
temps deux nourrissons était condamnée au
fouet, et son mari devait payer une amende
de cinquante livres [5]. Si les parents cessaient
d'envoyer le prix convenu avec la nourrice,
celle-ci n'en était pas moins tenue de garder
l'enfant. Le curé de la paroisse, prévenu par
elle, avertissait le lieutenant général de police,

extraits dans Isambert, t. XX, p. 639, et dans Merlin, *Répertoire de jurisprudence*, t. VIII, p. 653.

[1] Devenue rue Grégoire-de-Tours (ordonnance du 4 novembre 1846.) Mais la rue des Mauvais-Garçons finissait à
la rue des Boucheries, devenue rue de l'École-de-Médecine,
puis comprise dans le parcours du boulevard Saint-Germain.
Il existait, dans le quartier de la Grève, une autre rue des
Mauvais-Garçons.

[2] Article 1.

[3] Articles 2 et suiv.

[4] Article 9.

[5] Article 11.

qui, après enquête, pouvait seul autoriser le
renvoi du nourrisson à la famille [1].

Le 1er mai 1727, une nouvelle Déclaration [2],
ayant pour objet de compléter la précédente,
nous révèle l'existence de graves abus. Ainsi,
de prétendues nourrices venaient à Paris se
procurer un nourrisson, retournaient le sous-
louer dans leur village, et revenaient aussitôt
en chercher un autre [3]. Cette spéculation fut
sévèrement interdite. On éleva à trente sols
le droit à percevoir par les recommandaresses [4].
En outre, des conditions de moralité furent
exigées des meneurs et des meneuses, et de
sévères prescriptions réglèrent l'exercice de
ce métier [5].

Celui des recommandaresses n'était pas
l'objet d'une surveillance assez active, et les
plaintes auxquelles donnèrent lieu leurs agis-
sements devinrent si nombreuses qu'au mois
de juillet 1729, le roi se décida à supprimer
les bureaux existants [6]. Les titulaires se virent

---

[1] Article 13.
[2] *Déclaration du Roy concernant les recommandaresses
et les nourrices*, 1727, in-4°.
[3] Article 8.
[4] Article 1.
[5] Articles 3 et suivants.
[6] *Édit du Roy concernant les recommandaresses de Paris*, 1729, in-4°.

indemnisés, et le lieutenant général de police
fut chargé de pourvoir à leur remplacement.
L'édit qui lui confie cette mission lui prescrit
de choisir « des femmes veuves ou mariées, ou
des filles âgées, dont le zèle, la vertu et l'in-
telligence puissent les mettre en état de connaître et d'exécuter un grand nombre d'articles de règlement [1]. »

En 1760, les quatre titulaires des nouveaux
bureaux étaient mesdames :

D'Hamecourt[2], rue de la Vannerie.
Delaunay, rue Saint-Jacques la Boucherie.
Couchet,   id.   id. [3]
Leroux, rue Planche-Mibray.

L'inspecteur de police spécialement chargé
de leur surveillance se nommait Framboisier [4],
c'était un vil personnage dont nous aurons à
reparler tout à l'heure. Une nourrice habitant
les environs de Paris était alors payée sept
livres par mois; le prix variait ensuite sui-

[1] Préambule.
[2] On la trouve encore nommée Damcourt, Dame-
court, etc.
[3] Il est probable que l'un de ces deux bureaux représentait l'ancien établissement de la rue du Crucifix.
[4] Voy. Jèze, *État ou tableau de la ville de Paris consi-*
dérée relativement au nécessaire, à l'utile, à l'agréable et
à l'administration. 1760, in-8°, p. 2.

vant l'éloignement ; en province, la moyenne
était de cinq livres [1].

Toute nourrice rentrant chez elle avec un
nourrisson devait remettre au curé de sa
paroisse le certificat qui lui avait été délivré
par le bureau de placement. Ce certificat men-
tionnait le nom de l'enfant, celui de ses père
et mère avec leur profession et leur demeure.
Le curé pouvait ainsi se mettre, au besoin,
en relation avec la famille et, si l'enfant venait
à mourir, dresser un acte mortuaire régulier [2].

En fait, les nourrices étaient mal rétribuées,
et celles qui emportaient un nourrisson au
loin n'obtenaient souvent pas sans peine le
payement de leurs gages. Les parents ne recevaient de leur enfant que de rares ou
fausses nouvelles, et très fréquemment il
était mort depuis plusieurs mois quand ils
apprenaient son décès.

Durant leur séjour à Paris, les nourrices ne
trouvaient dans les bureaux des recommandaresses ni soins, ni propreté, ni surveillance.
Mal logées, mal couchées, elles se répandaient
par la ville, au grand détriment de leur moralité et même de leur santé.

[1] *Vues d'un citoyen*, IIe partie, p. 4.
[2] Ordonnance de police du 17 décembre 1762.

Une réforme radicale était devenue indis-
pensable : elle fut réalisée par la Déclaration
du 24 juillet 1769 [1].

Elle supprima les quatre bureaux et les
réunit en un seul, à la tête duquel furent
placées deux recommandaresses et deux directeurs [2]. Elle eut soin aussi de préciser le rôle
des meneurs et des meneuses.

En effet, la difficulté des communications
rendait très pénibles les déplacements des
nourrices et très précaire le sort des enfants
qui leur étaient confiés. En 1773, la police
dut enjoindre aux meneurs « de se servir de
voitures bien conditionnées, dont le fond soit

[1] *Déclaration du Roi concernant les recommandaresses et
nourrices et l'établissement d'un bureau général dans la
ville de Paris.* 1769, in-4°.

[2] « ARTICLE 1er. Les quatre bureaux de recommandaresses établis par notre Déclaration du 29 janvier 1715 seront
supprimés à partir du 1er janvier 1770.

ARTICLE II. Il sera établi dans notre bonne ville de Paris
un bureau général pour les recommandaresses, capable de
contenir avec ordre et propreté toutes les femmes de la campagne qui y voudront lever des nourrissons.

ARTICLE III. Pour la direction dudit bureau, il sera pré-
posé par le lieutenant général de police deux directeurs et
deux recommandaresses, lesquels prêteront serment devant
lui de bien et fidèlement s'acquitter de leurs fonctions.

ARTICLE IV. Les deux recommandaresses seront tenues de
loger toutes les nourrices. Et, à cet effet, elles auront une
quantité suffisante de lits et de berceaux pour coucher les-
dites nourrices et leurs nourrissons. »

en planches suffisamment garnies de paille
neuve, les ridelles exactement closes par des
planches bien assemblées ou par des nattes de
paille ou d'osier toujours entretenues en bon
état, et de couvrir leurs voitures avec une
bonne toile bien tendue sur des cerceaux et
assez grande pour envelopper les bouts et
côtés. » Comme on entassait parfois, et sans
surveillance, dans ces grossiers chariots une
foule d'enfants ramenés à leurs parents, leur
transport n'est autorisé qu'à la condition
« qu'il y ait des nourrices assises sur des
bancs suspendus au-devant et au-derrière de
la voiture avec des cordes ou courroies solidement attachées, afin que les nourrices soient
à portée de veiller aux besoins des nourrissons
et de prévenir les accidens auxquels ils pourroient être exposés sur la route [1]. »

Presque à la même date, la police décou-
vrait les exactions commises par l'inspecteur
Framboisier, qui avait la haute main sur le
bureau des nourrices. Elle apprit que l' « on
voyoit chez lui un ameublement à crépines
d'or et que sa femme fouloit aux pieds des
coussins du même genre. » On le mit à la

---

[1] Ordonnance de police du 19 novembre 1773.

retraite[1] ; ce qui ne l'empécha pas d'étre fait, douze ans après, chevalier de Saint-Michel[2], et un peu plus tard de reprendre sa place[3].

En somme, les réformes successivement introduites dans ce service l'avaient fort amélioré à la fin du dix-huitième siècle. On évaluait alors à 21,000 le nombre des enfants qui naissaient chaque année à Paris. Sept cents environ d'entre eux étaient nourris par leur mère, et sept cents autres par une nourrice habitant la maison paternelle[4]; deux ou trois mille, appartenant le plus souvent à des bourgeois aisés, allaient en nourrice dans la banlieue ou les environs ; tout le reste était

[1] Bachaumont, *Mémoires secrets,* 15 octobre 1775, t. VIII, p. 206.

[2] Bachaumont, 27 mai 1787, t. XXXV, p. 171.

[3] Voy. l'*Almanach royal pour* 1789, p. 425.

[4] En supposant qu'on les gardât pendant trois ans, il y aurait donc eu à Paris environ 2,000 nourrices. Les domestiques y ont toujours été assez nombreux. Piganiol de la Force, vers 1765, se prononce pour 200,000 (*Description de Paris,* t. I, p. 32), évaluation très exagérée. Expilly, plus exact, donne en 1768 les chiffres suivants :

Nombre de familles qui en ont.......	17,657
— de domestiques mâles.......	18,878
— — — femelles.....	18,579
Nombre total des domestiques.......	37,457

(Expilly, *Dictionnaire de la France,* t. V, p. 402. — Voy. aussi Morand, *Mémoire sur la population de la France,* dans la *Collection académique,* année 1779, t. XVI, p. 59.)

confié à des femmes recrutées en province par les meneurs [1].

Deux bureaux se partageaient l'administration.

Le premier, dit bureau de la direction, servait d'intermédiaire entre les nourrices et les parents ; envoyait à ceux-ci des nouvelles de l'enfant ; avançait à celles-là l'argent qui leur était dû, et en opérait ensuite le recouvrement chez les pères et mères. S'ils refusaient de s'acquitter, la police les poursuivait, et elle devait bien souvent recourir à la contrainte par corps. Elle faisait chaque année cinq ou six cents prisonniers de ce genre. Mais des associations charitables s'étaient fondées pour venir à leur secours. En outre, lors des grandes fêtes religieuses et dans toutes les occasions solennelles, telles que mariage de princes, naissance de Dauphin, etc., la municipalité délivrait un certain nombre de ces *prisonniers pour mois de nourrices* [2].

Le second bureau, celui des recommandaresses, était situé rue Neuve Saint-Augustin

---

[1] *Detail sur quelques établissemens de la ville de Paris, demandé par Sa Majesté Impériale la reine de Hongrie à M. Lenoir, lieutenant général de police.* 1780, in-8°, p. 63.

[2] Voy. *L'enfant*, t. I, p. 164.

et placé sous l'autorité de Mme et Mlle d'Hamecourt. Toutes les nourrices se tenaient,
durant la journée, dans une grande pièce dite
salle de la location, où les parents venaient
faire leur choix. Avant d'y être admises, elles
subissaient la visite d'un médecin, qui dégus-
tait leur lait, et signait un certificat consta-
tant qu'il avait été trouvé bon ou insuffisant.
Le lait devait avoir sept mois au moins et
vingt-quatre mois au plus. En 1785, le lieutenant de police Lenoir vint inspecter le bureau, et décerna solennellement un prix à la
meilleure nourrice. L'élue reçut un gobelet
d'argent et une médaille d'or portant d'un
côté l'effigie de la reine et de l'autre ces mots :
A la bonne nourrice.

Le bureau percevait trente et un sous pour
le placement de chaque nourrice. Les gages
étaient de huit livres par mois, non compris
le sou pour livre montant à quatre livres seize
sous par année. Ces femmes, une fois revenues
au village, étaient surveillées à la fois par leur
curé et par les meneurs, alors placés directe-
ment sous la surveillance de la police, qui
exigeait d'eux des rapports fréquents et cir-
constanciés. En 1777, elle avait envoyé cent
boîtes de médicaments destinés aux nour-

rices et aux nourrissons habitant « l'Ile de
France, la Picardie, la Flandre, la Normandie,
l'Orléanais, le Maine, le Perche, la Champagne et la Bourgogne, où se trouve un
nombre considérable d'enfans qui appar-
tiennent à la portion la plus indigente du
peuple de Paris [1]. »

L'Assemblée législative supprima la contrainte par corps pour les dettes de mois de
nourrices [2]. L'Empire assimila leur recouvrement à celui des contributions, et en chargea les préfets [3]. Le bureau des nourrices était
alors placé sous la double autorité du préfet
de la Seine et du préfet de police, organisation que confirma le décret du 30 juin 1806 [4].

---

[1] *Arrêt du Conseil d'État du Roi, qui ordonne qu'il sera
envoyé annuellement dans les provinces de... cent boëtes de
remèdes disposées à l'usage des enfans, pour être distribuées
gratuitement aux nourrissons des pauvres habitans de Paris
élevés dans les campagnes.* 25 avril 1777, in-4°.

[2] Décret du 25 août 1792. Dans J.-B. Duvergier, *Collection des lois*, t. IV, p. 353.

[3] Loi du 21 mars 1806. Dans Merlin, *Répertoire de jurisprudence*, t. VIII, p. 656.

[4] Dans Duvergier, t. XV, p. 391

III

LA NOURRICE DANS LA FAMILLE.

Choix d'une nourrice. — Conditions physiques qu'elle doit
remplir. — Opinion des chirurgiens Ambroise Paré, Jérôme de Monteux, Jacques Guillemeau, François Mauriceau et Dionis. — Chanson de la nourrice au seizième siècle.
— Examen du lait. — Privilèges de la nourrice au sein
de la famille. — Tendresse de Charles IX pour sa nourrice. — La nourrice de Marguerite de Valois. — Rang
qu'occupe la nourrice parmi les domestiques d'une grande
maison. — Ses gages. — Au dix-huitième siècle elle cesse
de faire partie de la famille. — Exigences et défauts des
nourrices.

Dans les familles assez riches pour garder
chez elles une nourrice, on apportait beaucoup de soin à son choix. Le chirurgien qui
avait fait l'accouchement était appelé à donner
son avis, et les maîtres de la science avaient
formulé des règles dont il pouvait s'inspirer.

Pour bien choisir une bonne nourrice, écrit
Ambroise Paré, il faut qu'elle aye enfanté deux ou
trois enfans, d'autant que les mamelles qui ont esté
pleines ont les veines et artères plus grosses et dila-
tées, partant contiendront du laict davantage. La
nourrice ne doit estre plus jeune que de vingt-cinq
ans, ne plus vieille que de trente-cinq. Il faut qu'elle
soit de bonne habitude [1] et bien saine, bien quarrée

---

[1] Complexion.

de poitrine et bien croisée d'espaules, ayant bonne
et vive couleur, ny trop grasse, ny trop maigre, la
chair non mollasse, mais ferme; et qu'elle ne soit
rousse; aussi qu'elle aye le visage beau. Et qu'elle
soit brune, parce que le laict est meilleur que d'une
blanche. Elle doit estre diligente et non fétarde [1] à
tenir l'enfant nettement, chaste, sobre, joyeuse,
chantant et riant à l'enfant, l'aimant comme le sien
mesme et plus s'il est possible [2].   .

Dans un livre devenu rare, Jérôme de Monteux, médecin ordinaire de Henri II, recommande aussi la gaieté aux nourrices. Il fait
mieux encore, il nous donne le texte de la
chanson avec laquelle elles avaient coutume
d'endormir leur nourrisson :

Le petit branslement doux et modéré qu'on lui
fait au berceau ou en licts pendants [3], ou bien
entre les bras de sa nourrice, avec quelque gente
chansonnette lui appaise la douleur, si aucune en
ha, et le provoque à dormir. Cela lui est tant suave
et plaisant qu'il porte suffisant tesmoignage que les
petits enfans sont naturellement enclins à la musique
et à l'exercice. A raison de quoy, les nourrices ont
accoustumé de chanter certaines chansons follettes,
pour les inciter à manger et prendre leur nourriture, comme est celle-ci :

[1] Flâneuse, paresseuse.
[2] *OEuvres*, édit. de 1607, p. 938.
[3] Suspendus.

Qui est celui qui veult icy venir?
Cache, Lisa, cache ton beau téton.
Ha, le voilà qui le te veult ravir,
Cache, voys-tu celui mauvais garçon
Qui te venoit ton petit tétin prendre?
Ha, garçonneau, vous vouliez nous surprendre?
Venez, mignon, venez tost, hastez-vous.
Ha, le beau filz! Cecy sera pour vous.
Venez, premier que l'autre ne l'emporte.
Tu l'as gaigné. Or serre à bonnes dents
Et à deux mains. Et lui fermons la porte,
Allez, mauvais, sortez d'icy dedens [1].

Jacques Guillemeau qui fut chirurgien de Charles IX, de Henri III et de Henri IV, veut que la nourrice remplisse les conditions suivantes :

Être engendrée d'une race bien saine.

Être âgée de vingt-cinq à trente-cinq ans.

« Être de médiocre taille, ni trop grande, ni trop petite, ni trop grasse, ni trop maigre, ni trop grosse; les bras et les jambes charnues; la chair ferme; ni louche, ni boiteuse, ni bossue; son poil sera roux. Les brunettes sont retenues pour les meilleures, et celles qui ont le poil couleur de chastaigne, entre le blond et le noir. »

---

[1] *Commentaire de la conservation de santé et prolongement de vie, traduict de latin en françois par maistre Claude Valgelas, docteur en médecine.* 1559, in-4°, p. 198.

4.

Avoir le visage agréable, l'œil clair, le nez bien fait, la bouche vermeille, les dents blanches, le cou gros et fort, la poitrine large.

« Les mamelles seront de moyenne grosseur. Le mamelon situé au milieu doit estre un peu élevé et vermeil comme une petite fraise. »

N'être point enceinte.

Être « de bonnes mœurs; sobre, sans estre adonnée ni au vin, ni à la gourmandise; gracieuse, sans se fascher ni courroucer, car il n'y a rien qui corrompe plus le sang que fait la tristesse et colère; joyeuse, riante, chantant avec son enfant, le chérissant et traictant doucement, sans luy refuser aucunement la mamelle; chaste, sans désirer la compagnie de son mari; prudente, sage et avisée, devinant ce que l'enfant demande, luy ostant ce qui l'attriste, luy faisant feste, le baisotant, le sautelant doucement entre ses bras, luy chantant des chansons et le démaillottant souvent pour le mettre nettement [1]. »

François Mauriceau, chirurgien non moins recommandable, approuve toutes les recommandations de Guillemeau. Il veut, en outre :

---

[1] *OEuvres de chirurgie,* édit. de 1649, p. 391.

Charitas
perfectionis vincula.
Paul.ad coloss.cap.

mulierum

Salus

Les Maladies
des Femmes Grosses et accouchées.

auec la bonne et veritable methode de les bien aider en leurs accoucho
mens naturels, et les moyens de remedier à tous ceux qui sont contre nature,
et aux Indispositions des enfans nouueau nez : ensemble vne tres
exacte description de toutes les parties de la femme, qui sont destinées à
la generation. le tout accompagné de plusieurs belles figures en taille
douce, nouuellement et fort correctement grauées.
œuure tres vtile aux chirurgiens, et necessaire à toutes les sage femmes,
pour apprendre à bien pratiquer l'art des accouchemens.

Composé par françois Mauriceau, Maistre
chirurgien Juré à Paris, demeurant au
milieu de la rue des petits champs :
à l'enseigne du bon carpentier.

ant. Paillet. Jn.

guil. Vallet sculp.

Que la nourrice soit accouchée depuis un mois ou six semaines et d'un enfant mâle. Il est bon aussi qu'elle ait eu déjà un ou deux enfants, « afin qu'elle soit mieux stylée à gouverner son nourrisson, par l'expérience qu'elle a de la chose. »

Qu'elle soit de tempérament sanguin.

Qu'elle soit « bien faite de corps, propre en ses vestemens et belle de visage, ayant l'œil gay et riant, la veuë droite, les dents saines et blanches, d'un ton de voix agréable[1]. »

On attachait une grande importance à la forme des seins. « Pour faire une belle gorge, dit Dionis, il faut que les mamelles soient rondes, dures, fermes, attachées à la poitrine ; mais ce ne sont pas celles-là qui font une bonne nourrice. Il faut, au contraire, qu'elles ne soient pas si fermes, ni si attachées à la poitrine, qu'elle s'avancent en dehors en forme de poires, qu'elles n'ayent besoin d'être soutenues, et qu'elles soient raisonnablement grosses pour contenir plus de lait. Il faut que le mamelon ne soit point trop gros, parce qu'il empliroit la bouche de l'enfant ; il faut qu'il ait la figure et la grosseur d'une noisette[2]. »

---

[1] *Les maladies des femmes grosses,* édit. de 1675, p. 494.
[2] *Traité général des accouchemens,* p. 461.

Le lait ne doit être ni trop aqueux ni trop . épais. Pour s'en assurer, on prend quelques gouttes sur la main ; « si, en la penchant tant soit peu, il s'écoule aussitôt, c'est signe qu'il n'est pas assez cuit; si les gouttes demeurent attachées sans couler, c'est indice qu'il est trop grossier et trop visqueux. Le bon est celui qui s'épanche tout doucement à proportion qu'on incline la main, laissant la place d'où il s'écoule un peu teinte. » La couleur blanche est la meilleure. L'odeur doit être agréable, de bon goût, la saveur douce et sucrée [1].

Une fois admise dans la famille, la nourrice y occupait un rang bien supérieur à celui des autres serviteurs. Le poète Matheolus [2] nous le dit :

> Les nourrisses sont partout
> Chières tenues et honnourées.

Aussi se plaignait-on déjà de leurs exigences :

> Bien scet la nourrisse proposer
> Quel doit dormir et reposer,
> Boire et menger à voulenté
> Affin qu'elle ait laict à planté [3].

---

[1] Mauriceau, p. 495.

[2] Mathieu ou Mathiolet, mort vers 1320.

[3] En abondance. — Matheolus, *Le livre du mariage*, édit. de 1492, f° 19.

Le jour du baptéme, chacune des dames qui avaient pris part à la cérémonie offrait au moins une pièce d'or à cette seconde mère de l'enfant[1].

Elle s'esjouyt quand l'enfant est en joye, écrit Barthélemy l'Anglais, et en a pitié quand il est malade ; elle le relième quand il chet ; elle l'alaicte quand il pleure, et si le baise quand il se taist ; elle le lye quand il se remue, et si le lave et nettoye quand il est ord. Elle paist l'enfant et luy apprend à parler ; elle fainct des parolles ainsi que si elle fust bègue, pour mieulx et plus tost apprendre à parler ; elle use de médecine pour la santé de l'en-fant[2], et si le porte en ses mains, puis sur les espaules, puis sur les genoulx pour l'esbatre quand il crie. Elle masche la viande pour l'enfant, quand il n'a nulles dentz, pour luy faire avaller sans péril et profitablement ; elle esbat ledit enfant par son chant pour le faire dormir ; et si luy lye les mem-bres pour les tenir tous droitz, à fin qu'il n'y ait au corps de l'enfant nulle laidure ; et si le baigne et l'oingt pour nourrir sa chair chastement[3].

Durant la terrible nuit de la Saint-Barthé-lemy, Charles IX, qui ne cessait « de crier : tuez ! tuez ! ne voulut sauver aucuns hugue-

[1] Aliénor de Poitiers, t. II, p. 204.
[2] On admettait alors qu'aucun médicament ne devait être donné à l'enfant malade. La nourrice les prenait pour lui. Voy. ci-dessus, p. 4.
[3] Folio LI verso.

nots, sinon maistre Ambroise Paré, son premier chirurgien, et sa nourrice, laquelle il aymoit si fort qu'il ne luy reffusa jamais rien, la priant pourtant tousjours de reprendre sa religion catholique, sans la presser ny contraindre autrement [1]. » Au cours de cette même nuit, Marguerite, sœur du roi, mariée depuis six jours, avait dans sa chambre, non son mari, mais sa nourrice. C'est elle qui ouvrit au jeune gentilhomme que la princesse put sauver [2]. Sous Louis XIV, et tant qu'il a vécu, les trois premières personnes qui entraient chez lui le matin étaient son premier valet de chambre, son premier médecin et sa nourrice. Celle-ci, en arrivant « alloit le baiser » dans son lit [3].

La nourrice et le gouverneur de l'enfant étaient, dans une grande maison, les serviteurs qui recevaient les gages les plus élevés. On donnait :

A l'écuyer.......................... 100 liv.
A la demoiselle suivante.............. 200 —
A la femme de chambre............... 100 —

---

[1] Brantôme, t. V, p. 256.

[2] Marguerite de Valois, *Mémoires*, édit. Michaud, p. 410.

[3] Saint-Simon, *Mémoires*, t. XII, p. 172.

Au valet de chambre................ 200 liv.
Au maître d'hôtel.................... 300 —
A l'officier d'office................. 150 —
Au cuisinier........................ 200 —
A la servante de cuisine............ 60 —
Au cocher........................ 100 —
Au postillon....................... 60 —
Au garçon du cocher............... 60 —
Aux laquais...................... 100 —
A la gouvernante des enfans......... 100 —
A la nourrice..................... 300 —
A la servante de la nourrice......... 45 —
Au gouverneur ou précepteur........ 300 —
Au valet de chambre des enfans....... 150 —
Au laquais des enfans.............. 100 —[1]

Vers la fin du siècle suivant, la nourrice
partagea le sort des autres domestiques. Mieux
payée, mieux nourrie, mieux habillée qu'auparavant, elle cessa de faire partie de la
famille, et l'on ne vit plus guère de vieux
serviteurs mourant de vieillesse auprès du
maître à qui ils avaient consacré leur vie[2].
Jean-Jacques Rousseau écrivait en 1762 que
les mères, jalouses de l'affection des enfants
pour leur nourrice, traitaient celle-ci « en
véritable servante. Quand leur service est

---

[1] Audiger, *La maison réglée* [1692], p. 79.
[2] *Tableau de Paris*, t. I, p. 171.

achevé, dit-il, on retire l'enfant et l'on con-
gédie la nourrice ; à force de la mal recevoir,
on la rebute de venir voir son nourrisson : au
bout de quelques années, il ne la voit plus,
il ne la connoît plus [1]. »

Rousseau exagère un peu [2]. Mais les bonnes
nourrices devenaient de plus en plus rares,
et une mère prudente ne devait pas laisser
celle de son enfant sans surveillance. Elles
n'avaient pas renoncé aux mauvaises habitudes que signalait déjà le *Roman de la rose* [3],
et dont je ne puis parler ici. Ceux de mes lecteurs qui voudraient les connaître n'ont qu'à
relire le chapitre XI du Ier livre de Rabelais :
De l'adolescence de Gargantua, vers la fin. On
leur reprochait aussi leurs commérages et les
récits ridicules qu'elles faisaient parfois aux
enfants. Dans les dernières années du dix-
huitième siècle, le docteur Lestra les déclarait
« babillardes, grandes parleuses et fort amies
du jus de la treille [4]. » Le cardinal de Bernis
avoue que « les contes puérils des nourrices
lui avaient inspiré une grande frayeur des

---

[1] *Émile*, livre I.
[2] Voy. entre autres Mme Roland, *Mémoires*, t. I, p. 7
[3] Vers 7229 et suiv., édit. elzév., t. II, p. 186.
[4] *Journal de Verdun*, n° de septembre 1711, p. 214.

revenans et des sorciers. Rien n'est plus dangereux, ajoute-t-il, pour les mœurs et peut-être pour la santé que de laisser les enfans trop longtemps sous la tutelle des femmes de chambre ou même dans la société des demoiselles élevées dans les châteaux. Les plus sages d'entre elles ne sont pas toujours les moins dangereuses. On ose avec un enfant ce qu'on auroit honte de risquer avec un jeune homme. J'ai eu besoin de tous les sentimens de piété que ma mère avoit gravés dans mon âme pour préserver ma jeunesse d'une trop grande corruption de mœurs [1]. »

Bien souvent, les nourrices, sentant tarir leur lait, négligeaient d'avertir les parents, qui étaient prévenus trop tard [2].

En province surtout, l'enfant, solidement emmailloté, était abandonné pendant des journées entières. « On le suspend à un clou comme un paquet de hardes ; et, tandis que, sans se presser, la nourrice vaque à ses affaires, le malheureux reste ainsi crucifié [3]. » Il risquait plus encore durant la nuit, étendu

---

[1] *Mémoires*, édit. Fr. Masson, t. I, p. 9.
[2] Voy. Cl. Fleury, *Les devoirs des maîtres et des domestiques*, édit. de 1688, p. 140.
[3] J.-J. Rousseau, *Émile*, livre I.

dans le même lit que la nourrice et souvent
étouffé par elle [1].

IV

LES NOURRICES ROYALES

Précautions prises pour le choix de la nourrice destinée à
un Enfant de France. — Récit de Louise Bourgeois. —
L'examen des nourrices devient plus sévère au dix-septième siècle. — Ce qu'on appelait *les retenues*. — Surveillance exercée à l'égard des nourrices royales. — Aventure arrivée à une des nourrices de Louis XIV. — Jean Ier
tué par sa nourrice. — La nourrice de Charles VI. —
Les nourrices de Charles VII. — Charles VII a-t-il failli
être empoisonné par le duc d'Orléans? — Les nourrices
de Marie d'Anjou, des trois filles de Louis XI, de
Charles VIII, d'Anne de Bretagne, de Charles Orland, de
François Ier et de sa sœur, de François II, de Charles IX
et de sa fille, de Henri III. — C'est à l'imprudence
d'une nourrice, que Henri IV dut d'être roi de France.
— Les nourrices de Henri IV et de Louis XIII. — Les
neuf nourrices de Louis XIV. Il les mord. — La nourrice du grand Dauphin. — La nourrice de Louis XV.
Situations faites à ses huit enfants. — Les nourrices de
Louis XVI et de son fils aîné. — La *gardienne du
ventre*. — La chanson de Marlborough.

Les investigations les plus minutieuses pré-
cédaient le choix d'une nourrice destinée à

---

[1] Un arrêt, rendu en février 1566, condamnait à être
battue de verges et bannie pour cinq ans « la nourrice qui,
par sa faute, suffoque l'enfant dont elle a été chargée. »
J. Brillon, *Dictionnaire des arrêts*, t. II, p. 824.

La mort
Apres nourrice. Voftre beau filz
Nonobftant fon couuertouer
Et fon beau bonnet a trois filz
Vous ne fe mentez plus iouer
Deflogez Vous fans delaier
Car tous deux Vous mourrez enfemble
Vous ne pouez plus cy targer
La mort prent tout quant bon luy femble

La nourrice
A cefte danfe fault aler
Comme font les preftres au feyne
Ie Voulfiffe bien teculer
Mais ie me fens la boffe en laine
Entre les bras de mon alaine
Left enfant meurt depidimie
Left grant pitie de mort foudaine
Il neft qui ait heute ne demie

D'après la *Danse des morts*, édition de 1580.

un Enfant de France. On commençait à s'en
préoccuper vers le septième mois de la grossesse. Les postulantes étaient naturellement
nombreuses, et toutes comparaissaient devant
les médecins de la Cour, qui les soumettaient
à un sévère examen. On prenait, en outre,
des renseignements sur leur vie privée et sur
celle de leur mari, même sur la santé de leurs
ascendants éloignés. Malgré toutes ces précautions, l'on était parfois exposé à com-
mettre de déplorables erreurs, comme le
prouve un curieux incident qui nous a été
révélé par Louise Bourgeois, la célèbre accou-
cheuse de Marie de Médicis. Voici ce qu'elle
raconte :

La Royne estant grosse de Madame, sa fille aisnée[1],
alla à Fontaine-bleau pour y faire ses couches. Elle
partit de Paris, où l'on avoit veu quantité de nourrices, qui importunoyent tellement le Roy et la
Royne et tout le monde, que leurs Majestés en remi-
rent l'élection à Fontaine-bleau, où il ne manqua
d'en venir de tous costés. L'on attendit proche de
l'accouchement de la Royne à en faire l'élection.

Il vint un homme, lequel avoit envoyé sa femme
pour estre nourrice, laquelle avoit une petite fille
fort délicate et menuë. La femme estoit bien honneste et de gens de bien ; en faveur de quoy, il se

---

[1] Élisabeth, née à Fontainebleau le 22 novembre 160

trouva les plus signalés seigneurs de la Cour qui en parlèrent d'affection aux médecins.

Ce fut une affaire qui me donna bien de la peine. Elle logea chez une de mes amies, laquelle s'employa de bon cœur pour elle. Elle me prioit aussi d'y faire ce que je pourrois. Je voyois son enfant extrêmement menuë : mais elle estoit appropriée à son advantage, de sorte que le har[1] paroit le fagot. Quand l'on m'en parloit, je ne pouvois respondre gayment, à cause que sa nourriture ne m'agréoit guères.

Je fus un jour, comme j'avois de coustume, la voir, où j'entendis nommer ceste nourrice du nom de son mary. Je me ressouvins que c'estoit le nom d'un jeune homme que mon mary avoit traité de la v..... [2], lequel avoit voulu sortir sans attendre qu'il eust esté guary. J'en avois entendu parler que jamais l'on ne le peut empescher de sortir, quelque chose que l'on luy peut dire. Il dit à mon mary qu'il estoit guary, qu'il se sentoit bien et qu'il vouloit prendre l'air et se fortifier pour se marier. Mon mary luy remonstra ce qui en pourroit arriver. Il s'en mocqua, et luy dit : « Je suis content de vous. » A trois ou quatre années de là, je vis quelqu'un de la ville d'où il estoit ; j'en demanday des nouvelles, pour sçavoir s'il estoit marié. L'on me dit qu'il y avoit longtemps, dès son retour de Paris, mais qu'il

---

Le hart.

[2] Les maladies de cette nature étaient alors soignées seulement par les chirurgiens, et Louise Bourgeois avait épousé un chirurgien. Voy. les *Variétés chirurgicales,* p. 69, et *Les chirurgiens,* p. 78.

y avoit un malheur en son mesnage, que sa femme
avoit déjà eu deux ou trois enfans qui sortoient
tous pourris de son ventre. Je me souvins que mon
mary luy avoit dit qu'il n'estoit pas guary et que
s'il se marioit qu'il en arriveroit ainsi.

Je fus bien empeschée, et eusse voulu ne l'avoir
jamais veue. Ceste mienne amie s'apperceut que
j'avois changé de couleur. Elle me pressoit de luy
en dire la cause ; je ne voulois pas. Elle m'y força
par ses prières, et luy dis que je ne me trouverois
pas à l'élection des nourrices, pour n'en dire ni
bien ni mal ; qu'elle me faisoit grand pitié, parce
qu'elle ne sçavoit pas quel estoit son mal ; cependant que si l'on la retenoit [1], que je le dirois ; que
si elle n'estoit retenuë, je n'en parlerois point et la
laisserois retourner en son pays.

Elle fut retenuë, et aussi tost on fit estat de ren-
voyer toutes les autres. C'estoit l'heure du disner.
Je fis chercher M. du Laurens [2], lequel estoit allé
disner en compagnie. Comme je vis qu'il ne se trou-
voit point et qu'il n'eust pas esté à propos de le dire
quand les autres nourrices eussent esté renvoyées,
je priay madamoiselle de Cervage, femme de
chambre de la Royne, de luy aller dire de ma part :
ce qu'elle fit. Laquelle luy dit : « Allés dire de ma
part à la sage-femme qu'elle m'a aujourd'hui rendu
un bon service ; que si je l'eusse sceu d'une autre
personne que d'elle, que je ne l'eusse jamais voulu
croire, et que je luy en sçay bon gré. »

[1] Voy. ci-dessous, p. 84.
[2] Médecin du roi.

5.

La Royne le dit aussi tost au Roy, lequel dit
tout haut que les nourrices venoyent de loin pour
le tromper, devant tout le monde. Il envoya chercher M. du Laurens et les autres médecins, lesquels me vindrent trouver pour sçavoir la vérité
et comment je vérifierois cela. Je leur dis le tout,
et que pour preuve il y avoit un valet de chambre de
M. de Beaulieu-Ruzé qui, demeurant en nostre logis,
l'avoit aydé à panser [1] qui en pourroit dire la
vérité, et un autre qui estoit chirurgien à Auxerre
qui avoit esté en mesme temps chés nous, comme
cela fut vérifié. L'on fit une autre eslection de
nourrices [2].

[1] Il y a dans le texte : *pencer.*
[2] L'affaire ne finit pas là pour l'honnête sage-femme.
Voici la fin de son récit :

« J'estois infiniment faschée du mescontentement de ceste
femme-là, mais le service que je devois à leurs Majestés
estoit tout autre chose. J'escrivis par la poste à mon mary
comment cela s'estoit passé. Le mary de ceste femme qui
n'avoit ozé aller à Fontaine-bleau, d'autant que trois ou
quatre officiers du Roy, de la ville d'où il estoit, l'estoyent
venus voir chés nous, qui scavoyent son mal, lesquels atten-
doyent, à ce que l'on dit, si je ne l'eusse dit pour le dire.
Il craignoit qu'ils en parlassent avant l'affaire faite. Il s'estoit tenu autour de Fontaine-bleau. Il fut aussi tost à Paris,
où il alla essayer de surprendre mon mary. Il l'alla saluer
et caresser. Mon mary s'estonnoit de cela, veu ce que je luy
avois mandé. Il lui dit : « Monsieur, j'ay bien besoin de
vostre aide. Vous sçavés comme, il y a tant de temps, je
fus pansé chés vous : il y a un riche marchand de nostre
ville qui m'a appelé v...lé. Il y a longtemps que nous plai-
dons ensemble; il faut qu'il me ruïne ou que je le ruïne. Si
vous me voulés tant obliger de me faire un rapport comment je n'ay pas esté pansé chés vous que d'un petit ulcère

Comme on le voit, il s'en était fallu de bien peu que la future reine d'Espagne suçât un lait vicié. L'on se montra donc dans la suite plus circonspect encore. Une première visite de toutes les nourrices qui se présentaient avait pour objet de reconnaître les quatre meilleures. On prenait leur nom et leur demeure. Puis, un homme de confiance, dési-

non malin que j'avois à la jambe, je vous donnerai ce qu'il vous plaira. » Mon mary luy dit qu'il sçavoit bien que cela n'estoit pas ainsi, que pour rien il ne feroit une fausseté.

Il le fit prier, puis menacer; enfin le fit assigner devant le lieutenant civil Miron, pour luy délivrer rapport.

Mon mary, ne croyant pas qu'il deust insister, ne comparut point sur les deux premières assignations. Il fit dire qu'il seroit condamné par corps et mené sans scandale. Il fut donc mené par deux sergens, où il fut fort tancé d'avoir refuzé rapport à cet homme, qui disoit estre icy retenu pour cela, protestant tous despens, dommages et intérests contre luy. Monsieur le lieutenant civil donna du papier et de l'ancre, et commanda à mon mary de luy délivrer sur l'heure un rapport. Mon mary demanda s'il n'entendoit pas un rapport véritable. Monsieur le lieutenant luy dit qu'ouy. Mon mary luy en donna un tout cacheté. Il demanda à l'autre s'il tenoit mon mary pour un homme de bien et s'il ne croiroit pas en son rapport. Il dit qu'ouy, ne pouvant faire autrement. Il fut ouvert, où monsieur le Lieutenant vit le mal et sçeut comment tout s'estoit passé. Monsieur le Lieutenant luy dit honte, et le força de signer le rapport de mon mary, à cause de sa témérité.

Il ne se peut dire les mesdisances et meschancetés qu'eux et les leurs nous ont faictes et font tous les jours à ce sujet, Il vaut bien mieux que nous en ayons du mal qu'il fust arrivé mal de Madame. »

gné par le médecin du roi, allait aux infor-
mations. On demandait au curé de chacune
d'elles un certificat établissant « qu'elle étoit
de la religion catholique, qu'elle servoit bien
Dieu et qu'elle fréquentoit les sacremens. »
Un chirurgien devait certifier qu'il n'avait
constaté dans la famille aucune maladie con-
tagieuse, ni écrouelles, ni épilepsie. On as-
semblait ensuite les voisins ; on voulait savoir
si chaque postulante « étoit de bonne conduite, avoit toujours bien vécu avec son
mari. » L'enquête une fois terminée, « on
mettoit ces femmes chez la gouvernante des
nourrices, où elles avoient chacune une
chambre et nourrissoient chacune leur enfant,
en attendant que la reine accouchât. Elle
n'étoit pas plutôt accouchée que les médecins
alloient visiter ces nourrices, et ils choisis-
soient des quatre celle qui étoit la meilleure.
Les trois autres restoient chez la gouvernante,
pour n'en pas manquer en cas qu'on fût dans
la nécessité d'en changer[1]. »

En effet, ce fut dès lors un usage constant
de garder cinq ou six nourrices, qui étaient
dites *aux retenues*. On appelait *les retenues* une

---

[1] Dionis, p. 462.

maison où les femmes choisies, bien logées,
bien nourries, bien payées, bien soignées,
étaient presque gardées à vue par une gouvernante spéciale[1]. Pendant longtemps, les
médecins redoutaient surtout qu'elles n'eussent commerce avec leur mari. Jérôme de
Monteux veut que l'on calme ces tentations
en faisant coucher la nourrice sur des feuilles
d'agnus castus et en lui donnant pour nourriture « des laitues, des conserves de nénuphar,
des palombes et des ramiers[2]. » Au siècle suivant, Mauriceau, admettant « qu'il n'y a
point de plus violente ny de pire rage que celle
de l'amour, » tolérait les relations de la nourrice avec son mari[3]; et un peu plus tard, Dionis allait presque jusqu'à les recommander.
« On cite, dit-il, mille exemples de mères
qui ont nourri tous leurs enfans, dont les maris ne se séparoient point d'elles, et qui cependant ont fait de très belles nourritures. »

Pour montrer combien la règle était restée
stricte à la Cour, il cite une aventure dont fut
victime l'une des premières nourrices de

---

[1] Voy. duc de Luynes, *Mémoires*, 2 octobre 1750 et
5 septembre 1754, t. X, p. 346 et t. XIII, p. 443
[2] Page 197.
[3] Page 500.

Louis XIV. Cette femme était de Poissy.
Louis XIII, alors à Saint-Germain, allait
chaque jour voir son fils et s'entretenait volontiers avec elle. Elle lui raconta plusieurs
intrigues amoureuses qui s'étaient nouées
entre les dames de Poissy et les mousquetaires
casernés dans cette ville. Le roi, fort ami de
la morale, comme on sait, réprimanda le com-
mandant, l'invita à mieux surveiller la conduite de ses subordonnés. Mais voici qu'un
jour, la nourrice ayant aperçu son mari qui
rôdait autour du château, lui fit signe de gagner une des terrasses et alla l'y rejoindre. Ils
ne restèrent ensemble qu'un moment, assez
longtemps toutefois pour avoir été aperçus
d'un mousquetaire en faction; celui-ci, ne
voulant pas perdre une si belle occasion de
se venger, dénonça la nourrice qui fut aussitôt congédiée [1].

La servitude imposée aux nourrices royales
ne restait pas sans compensation. L'enfant
une fois sevré, celle qui l'avait nourri devenait
femme de chambre de la reine. Les princesses accordaient le même honneur à la nourrice de leurs enfants [2]. En 1754, Pierre Pois-

---

[1] Page 465.
[2] Duc de Luynes, 2 mai 1737, t. I, p. 238.

sonnier, médecin du roi, épousa la nourrice
du duc de Bourgogne [1]. Ils furent fiancés
dans la chambre même du petit prince, et les
États de Bourgogne accordèrent à la mariée
une gratification de douze mille livres [2].

Madame Poissonnier n'est pas la seule nourrice royale dont l'histoire ait conservé le souvenir. La première qu'offre à nous l'ordre
chronologique ne fit guère honneur à la corporation, car on la soupçonna d'un crime abo-
minable.

Louis le Hutin ne laissait en mourant qu'un
enfant, une fille nommée Jeanne. Philippe,
comte de Poitou, frère du défunt, fit déclarer par les légistes qu'en vertu de la loi
salique (qui ne dit rien de semblable [3]), une

---

[1] Louis-Joseph-Xavier, né le 13 septembre 1751.

[2] Duc de Luynes, t. XIII, p. 165, 184 et 315.

[3] Le § 6 du titre LXII s'exprime ainsi : « De terra vero
salica nulla portio hæreditatis mulieri veniat, sed ad viri-
lem sexum tota terræ hereditas perveniat. » (Cinquième
texte, dans Pardessus, *La loi salique*, p. 318.) Il resterait à
établir le sens des mots *terra salica*, qui paraissent n'avoir
jamais pu s'appliquer au domaine royal. (Voy. les *Mémoires
de l'Académie des Inscriptions*, t. VIII (1733), p. 490, et la
Bibliothèque de l'École des chartes, t. III (1841), p. 113).
Mais il était de principe que la France était un fief trop
noble *pour tomber en quenouille*. Comme l'écrit Froissart :
« Li royaume de France est de si grant noblèce qu'il ne
doit mies par succession aler à fumelle. » (Livre I, § 42.)

femme ne pouvait occuper le trône de France.
Mais Clémence de Hongrie, veuve de Louis le
Hutin, était enceinte. Si elle accouchait d'un
fils, c'est à lui que la couronne appartenait de
droit. Philippe fut nommé régent, et l'on
attendit. Le 15 novembre 1316, Clémence
devenait mère et mère d'un garçon, qui fut
proclamé roi sous le nom de Jean Ier. Cette
naissance avait donc enlevé le trône à Philippe et ruiné bien des ambitions. Aussi, quand
Jean Ier mourut subitement, quatre jours à
peine après sa naissance [1], d'injurieux soupçons s'élevèrent contre le comte de Poitou.
Suivant une tradition qui fut longtemps

[1] Il vécut QUATRE JOURS, suivant le P. Anselme (*Histoire
généalogique de France*, t. I, p. 32); SEPT JOURS, selon
Baluze (*Vitæ paparum Aveniensium*, t. I, p. 84); HUIT
JOURS, suivant P. Dupuy (*Traité de la majorité de nos rois*,
p. 67); VINGT JOURS, suivant G. Millet (*Le trésor sacré de
Saint-Denys*, p. 264); UN MOIS, suivant Scévole de Sainte-
Marthe. (*Histoire généalogique*, t. I, p. 426). — Je trouve
dans une publication assez récente une preuve qui ne peut
plus permettre aucun doute. Dans les comptes tenus par
Geoffroi de Fleuri, argentier de Philippe le Long, figurent les
dépenses faites pour les obsèques du petit roi. On y lit que
Renaud de Lor, un des chambellans de Philippe le Long,
alors régent, commanda, « le samedi XXe jour de novembre, »
tous les objets nécessaires pour la cérémonie. Geoffroi en
fournit la liste avec les prix. Voy. *Ce sont les parties de
l'obsèque le roy Jehan*, dans Douët-d'Arcq, *Comptes de
l'argenterie des rois de France*, p. 18.

acceptée à la Cour de France, la nourrice du petit roi « l'avoit fait mourir en lui enfonçant une longue aiguille dans la téte, afin qu'on ne s'aperçût pas de la cause de sa mort [1]. » Le lendemain, Jean Ier était enterré à Saint-Denis aux pieds de son père, et le comte de Poitou devenait le roi Philippe V. Je ne sais pas le nom de la femme qu'il aurait eue pour complice ; mais le 21 mars 1321, il accordait une rente de dix-huit setiers de blé à Aveline du Plexeis, nourrice de son fils Philippe, mort aussi en bas âge [2].

Au mois d'avril 1382, Charles VI fit mettre en liberté Jehanne Fournière, qui était accusée de vols et détenue au Châtelet. La lettre de rémission donnée en cette circonstance se termine ainsi : « Pour occasion desquelles choses, ycelle Jehanne nous ait fait supplier, comme en tous autres cas elle soit et ait toujours esté de bonne renommée, et avec ce, nous estans en enfance nous alaitast par aucun temps de son lait, nous, sur les faiz et

---

[1] De Brianville, *Abrégé méthodique de l'histoire de France*, édit. de 1726, p. 208. Cette phrase n'existe plus dans les éditions de 1664, de 1674 et de 1675.

[2] Voy. le P. Anselme, *Histoire généalogique*, t. I, p. 96. Le P. Anselme regarde, à tort, ce petit prince comme fils de Charles IV, successeur de Philippe V.

cas dessus diz lui voulissions faire grâce et avoir de elle et de ses enffans pitié et compassion. Nous, pour considéracion des choses dessus dictes... [1]. »

On connaît deux nourrices de Charles VII. L'une se nommait Anne Chevalier [2]; l'autre, Jeanne de Chamoisy, était sœur de l'un des écuyers de la reine. Dès 1423, elle avait obtenu une pension de trois cents livres [3]. Il lui était adjoint une berceuse nommée Suzanne Riou et une femme de chambre nommée Margot de Sommevère [4]. S'il fallait en croire un récit rapporté dans la *Chronique du religieux de Saint-Denis* [5] et reproduit dans celle de Monstrelet [6], Charles VII aurait dû la vie à sa nourrice. Lorsqu'il naquit, Charles VI avait eu déjà dix enfants, quatre fils décédés très jeunes et six filles. Le duc d'Orléans, frère du roi, était donc héritier présomptif de

---

[1] Dans Douët-d'Arcq, *Pièces inédites relatives au règne de Charles VI*, t. II, p. 195.

[2] Voy. A. Jal, *Dictionnaire critique*, p. 919. Elle n'est pas mentionnée par M. Du Fresne de Beaucourt, auteur d'une excellente histoire de Charles VII.

[3] Anselme, *Histoire généalogique*, t. I, p. 115.

[4] Dufresne de Beaucourt, *Histoire de Charles VII*, t. I, p. 9.

[5] Édit. Bellaguet, t. III, p. 764.

[6] Édit. Douët-d'Arcq, t. I, p. 239.

la couronne, mais la naissance de Charles VII
lui enlevait tous ses droits. Un jour, il envoya
au petit prince, alors à Vincennes, une pomme
magnifique, « pomum pulcherrimum. » La
nourrice s'en empara, afin de la donner à
son propre fils qu'elle nourrissait encore.
L'enfant la mangea et mourut empoisonné,
« mox intoxicatus mortuus est. » Cette accu-
sation figure dans le plaidoyer que prononça
Jean Petit au nom du duc de Bourgogne, lorsqu'il entreprit de prouver que celui-ci avait
eu toutes sortes de bonnes raisons pour assas-
siner le duc d'Orléans. Elle est d'autant plus
invraisemblable que, selon toute apparence,
Charles VII était, non le fils de Charles VI,
mais celui du duc d'Orléans [1]. Marie d'Anjou,
femme de Charles VII, fut nourrie par Ti-
phaine la Magine, qui vivait encore en 1454 [2].

Louise, morte en bas âge, Anne, devenue
Anne de Beaujeu, et Jeanne, devenue Jeanne
de Berry, toutes trois filles de Louis XI, furent
nourries, la première par Anne Voirrier,
la seconde par Marie du Mouton, et la dernière
par la dame de Senneville [3].

[1] Voy. *L'enfant*, t. I, p. 98.
[2] A. Jal, *Dictionnaire critique*, p. 919.
[3] *Ibid.*

Michelle, femme de Jehan Allaire, écuyer de cuisine de la reine Charlotte de Savoie, fut la première nourrice de Charles VIII. Le 8 mars 1487, Jehan reçut 45 liv. 7 sols 1 denier tournois, pour acheter « des draps de laine, pannes et fourrures » destinés à Michelle, « en faveur de ce qu'elle a esté cy-devant une des nourrices du Roi. » Michelle Allaire reçut encore, en 1490, 43 liv. 15 sols, « pour luy ayder à soy entretenir. »

Anne de Bretagne, femme de Charles VIII, avait été nourrie par une Navarraise nommée Marie de Brasque [1].

Charles Orland, premier enfant d'Anne et de Charles VIII, eut pour nourrice Catherine Malegrappe, aux gages de deux cents livres par an [2].

Ce petit prince mourut en 1495, âgé de trois ans. L'année suivante, Anne donnait le jour à un second fils qui reçut aussi le nom de Charles. Le roi habitait alors le château de Montils-les-Tours; on fit demander une nourrice à Angers. Un sieur Jean Oriman amena sa femme, qui ne fut point agréée; une femme venue de Rennes, et dont on ne connaît pas

---

[1] A. Jal, p. 919.
[2] Godefroy, *Histoire de Charles VIII*, preuves, p. 703.

le nom, commença à nourrir l'enfant, qui
mourut peu de jours après.

François Ier eut au moins deux nourrices :
Andrée Linache et Loyse Frouyne. Sa sœur
Marguerite fut allaitée par Marguerite Tessier
ou Tixier et par Gillette de Corbye [1].

Je n'ai pu retrouver le nom des nourrices
de Henri II. Son fils aîné François II eut pour
mère de lait Claude Gobelin qui, suivant
l'usage, devint ensuite femme de chambre de
Catherine de Médicis. En 1560, elle reçut
230 livres, « pour luy ayder à se faire guérir
et panser d'une maladie dont elle estoit retenue en la ville de Paris [2]. »

Charles IX conserva toujours une très tendre affection pour sa nourrice Philippe Ri-
chard. Restée pensionnaire du roi, il lui
donne 15,000 livres en 1566 [3], 33,000 livres
en 1572 [4], etc. « C'estoit une très sage et
fort honneste femme, » écrit Brantôme [5].
L'unique enfant de Charles IX, nommée Ma-
rie-Élisabeth, vécut six ans à peine. Elle eut

[1] Voy. A. Jal, p. 919.
[2] Jal, p. 919.
[3] Jal, p. 920.
[4] Cimber et Danjou, *Archives curieuse*, t. VIII, p. 356.
[5] Tome V, p. 256.

trois nourrices. Simon Cochon, frère de la
première, reçut, en 1572, cent cinquante
livres, « pour ramener à Orléans l'enfant de
ladite nourrice, qu'elle avoit amené avec
elle. » La seconde se nommait Jacquette Le
Roy, la troisième Catherine Lemer [1].

Henri III fut allaité par la femme d'un
sieur Denis Chevreau, qui vivait encore
en 1584 [2].

C'est à l'imprudence d'une nourrice que
Henri IV dut le trône de Navarre, puis celui
de France. Jeanne d'Albret avait eu avant lui
deux enfants, le duc de Beaumont et le comte
de Merle, qui tous deux moururent en bas
âge. « Le comte de Merle, écrit un vieil historien de la Navarre, estoit aussi souvent
entre les mains des gentils-hommes du Roy
son aïeul [3] qu'en celles de sa nourrice. Une
après disnée, que le Roy et ses enfans estoient
allez à la chasse, un gentil-homme et la nourrice estans à la fenestre de la chambre où il
estoit nourry, par un maigre passetemps, se
le donnoient entre les bras l'un à l'aultre hors
de la croisée d'une fenestre, de sorte que le

---

[1] Jal, p. 920.
[2] *Ibid.*
[3] Henri II, roi de Navarre, père de Jeanne d'Albret.

gentil-homme feignant de le prendre des mains de la nourrice et ne le prenant pas, et la nourrice l'ayant lasché mal à propos, ce petit prince tomba de la fenestre en bas sur un perron, où il se rompit quelques costes [1]. »

Louise Perrier et Catherine Simon avaient donné leur lait à Jeanne d'Albret [2].

Michelet dit que Henri IV eut huit nourrices [3]. Je connais seulement le nom de six d'entre elles. Ce furent :

Armandine de Larreu, femme Sardan, du village d'Asson [4]. Elle touchait encore, en 1612, une pension de soixante livres.

Marguerite ou Madeleine Lafargue [5], femme de Pierre Sarrabaig. De 1584 à 1585, date de sa mort, elle toucha, sur le domaine du Béarn, une pension de deux cents livres tournois. Après elle, pareille pension fut allouée à son fils, qui reçut en outre une charge d'officier de bouche dans la maison du roi de Navarre.

Françoise Minot, femme de François Duvignau, jardinier au château de Pau. Elle eut

---

[1] André Favyn, *Histoire de Navarre*, p. 806.
[2] *Inventaire des archives des Basses-Pyrénées*, t. I, p. 2.
[3] *Histoire de France*, édit. de 1874, t. X, p. 224.
[4] Situé à 22 kilomètres de Pau.
[5] *Archives des Basses-Pyrénées*, t. I, p. 2.

une pension de cinquante livres, dont sa fille hérita.

Jeanne Ravel, également titulaire d'une pension de cinquante livres.

Jeanne de Fourcade, femme de Jean de Lassensaa[1].

Une sixième nourrice, désignée seulement dans les Archives des Basses-Pyrénées, par ces mots « la norrice de Poissy. »

Jeanne de Fourcade fut la seule qui triompha des difficultés de l'allaitement. Elle habitait le village de Billère, à deux kilomètres de Pau, et c'est dans son humble demeure que l'enfant fut nourri. Bien que cette chaumière ait reçu depuis lors des améliorations qui l'ont transformée en maison bourgeoise, la distribution des pièces a été, dit-on, religieusement conservée, et l'immeuble est resté propriété de la famille Lassensaa[2].

Louis XIII fut presque aussi difficile à élever que son père. On le confia d'abord à Marguerite ou Catherine[3] Hotman, dont le

---

[1] Voy. la *Bibliothèque de l'École des chartes*, t. XX (1859), p. 392.

[2] Voy. Hilarion Barthety, *Le berceau de Henri IV*, p. 6, et Fr. de Saint-Maur, *Promenades historiques dans le pays de Henri IV*.

[3] J'ai trouvé les deux noms.

lait fut presque aussitôt reconnu insuffisant.
« Elle étoit à toute heure presque à sec, » dit
Héroard[1], et Henri IV écrivait le 19 octobre
1601[2] à madame de Verneuil, à qui il n'avait
pu envoyer son médecin : « Il a fallu qu'il
soit demeuré, pour pourvoir à mon fils qui a
tary sa nourrice[3]. » On lui adjoignit mademoiselle Hélin, femme d'un sieur Lemaire.
Celle-ci, « honnête femme et fort douce, avoit
beaucoup de lait et fort bon ; » mais elle déplut à la reine et dut se retirer[4]. Mademoiselle
Galand, femme du chirurgien Charles Butel,
la remplaça. Elle se présenta à madame de
Montglat, gouvernante de l'enfant, avec une
lettre du roi ainsi conçue : « Celle qui vous
rendra ceste-cy est une nourrice que je vous
envoye pour donner le tétin à mon fils. C'est
pourquoy, vous ne ferés faulte, incontinent
la présente receue, de le faire servir et faire
qu'elle luy donne à téter ; ne voulant pas que
celle qui l'a nourry jusqu'à présent continue
davantage[5]. » Mademoiselle Galand avait un

---

[1] *Journal de Louis XIII*, t. I, p. 8.
[2] Louis XIII était né le 26 septembre.
[3] Berger de Xivrey, *Lettres missives de Henri IV*, t. V,
p. 507.
[4] Héroard, t. I, p. 18.
[5] *Lettres missives*, 26 décembre 1601, t. V, p. 522.

défaut qui n'importait guère au roi, elle
« n'étoit pas propre [1]. » La reine choisit elle-
même une quatrième nourrice, Antoinette
Joron ou Jorron, et celle-ci parvint à élever
l'enfant.

Elle était femme de Jean Bocquet, sieur du
Chesnoy, conseiller et secrétaire du roi. Le
petit prince s'attacha beaucoup à elle, il l'appelait familièrement Dondon ou maman
Doundoun, expressions qui reviennent sans
cesse dans le journal tenu par Héroard. De
son côté, elle aimait son nourrisson et était
fort considérée à la Cour. En octobre 1602,
les députés du Dauphiné, venus pour rendre
hommage au roi, offrirent « à mademoiselle
la nourrice [2] » une chaîne d'or pesant quatre-
vingts écus. Louis XIII reçut d'Antoinette
Joron ses premières leçons de lecture [3]. Elle
lui faisait aussi des contes auxquels il prenait
grand plaisir [4]. En 1606, elle eut une fille dont
le roi fut parrain et qu'il nomma Henriette [5].
Un fils dont elle accoucha en 1613 fut tenu

[1] Héroard, t. I, p. 18.
[2] Ibid., t. I, p. 36.
[3] Ibid., t. I, p. 120.
[4] « Des contes du compère Renard, du mauvais riche et
du Lazare. » Héroard, t. I, p. 164. Voy. aussi t. II, p. 73.
[5] Héroard, t. I, p. 177.

sur les fonts par la reine Marguerite, première
femme du roi, et par César de Vendôme[1], fils
du roi et de Gabrielle d'Estrées.

Aux derniers mois de la grossesse d'Anne
d'Autriche, Louis XIII réunit sept médecins
reconnus comme les princes de la science en
1638. Il les chargea de choisir la nourrice à
qui allait être confié le Dauphin si longtemps
attendu, et de délibérer sur le régime à obser-
ver pour protéger une si précieuse santé.
C'étaient Simon Bazin, doyen de la Faculté ;
Citois, médecin de Richelieu ; Guénaut, Le
Tellier, de la Vigne et R. Moreau. La consul-
tation eut lieu en présence du roi, de la reine
et des personnages les plus considérables de la
Cour[2]. L'élue fut Élisabeth Ancel, femme de
Jean Longuet, sieur de la Giraudière, procureur du roi au bureau des finances d'Orléans[3]. Mais elle ne put suffire longtemps à
l'avidité du jeune Dauphin. Trois mois après
sa naissance, il en était à sa troisième nourrice. « Celles qui n'avoient pas assez de lait
pour contenter sa faim, écrit le chirurgien

[1] A. Jal, p. 920.
[2] J.-A. Hazon, *Éloge historique de la Faculté de médecine de Paris*, p. 36.
[3] Godefroy, t. II, p. 214. — A. Jal, p. 920.

Dionis [1], il leur mordoit le bout des seins jusqu'au sang [2]. » Dès le mois de janvier 1639 [3],
il avait épuisé et lassé neuf nourrices [4] ; et au
mois d'août, Grotius écrivait encore de Paris
à van Baerle : « Le Dauphin ne se borne pas
à tarir ses nourrices, il les déchire par ses
morsures. C'est aux voisins de la France à se
défier d'une si précoce rapacité [5]. »

Des neuf victimes de la voracité du Dauphin, sept seulement nous sont connues :

Élisabeth Ancel.

Perrette du Four, femme d'Étienne Ame-
lin [6], voiturier de Poissy. Le jour où elle maria
sa fille, Louis XIV lui donna douze mille
livres. Dans les nouvelles salles ouvertes au
rez-de-chaussée du musée de Versailles, on

---

[1] Page 360.

[2] Grotius écrivait de Paris le 25 décembre 1638 à Oxens-
tiern : « Delphinus jam ter mutavit nutricem. Fugiunt eum
conquisitæ ad hoc feminæ quod ubera earum morsicando
lancinet robustus calidique spiritus puer. » H. Grotii *epistolæ*, édit. de 1687, p. 490.

[3] Louis XIV était né le 5 septembre 1638.

[4] « Delphinus jam nonam nutricem fugit. Aufugiunt
omnes quod mammas earum male tractet. » *Epistolæ*, p. 491.

[5] « Delphinus nutrices non lassat tantum, sed et lacerat.
Caveant vicini sibi a tam matura rapacitate. » *Epistolæ*,
p. 557.

[6] Ou Anselin. Voy l'*État de la France pour* 1692, t. I,
p. 349.

voit un portrait de Perrette Amelin tenant dans ses bras le petit Louis XIV emmailloté.

Marie de Segneville-Thierry, qui jouit d'une pension de six cents livres.

Jeanne Potteri.

Anne Perrier.

Marguerite Garnier.

Marie Mesnil [1].

Le 1er novembre 1661, Louis XIV avait son premier enfant, celui qu'on a appelé *Monseigneur* ou *le grand Dauphin*. Le chroniqueur attitré de la Cour nous apprend en ces termes, dans sa gazette rimée, le nom de la première nourrice qui lui fut donnée :

> Entre tant d'aimables nourices
> Qui venoient ofrir leurs services,
> Leurs soins, leur lait et leur téton,
> Madame du Lac [2], ce dit-on,
> Ny trop petite, ny trop grande,
> Agréable et belle marchande
> De la rue de Saint-Denis,
> Dont on dit des biens infinis,
> D'assez bonne part prézentée,
> Eut la gloire d'être acceptée,
> Ayant le sein blanc et bien fait,

[1] A. Jal, p. 920.
[2] Marguerite du Lac, femme Lafleur. Voy. *État de la France pour* 1672, p. 399.

> Ayant abondance de lait,
> Et toutes les chozes requizes
> Aux nourices les plus exquizes [1].

Quand le Dauphin eut six mois, sa mère commença à le promener dans Paris, visita avec lui les principaux monuments, et en particulier le Val-de-Grâce, qu'elle avait fondé.

> Notre belle et charmante Reine
> Déjà son cher Daufin promeine
> En divers lieux de la cité,
> Sçavoir en lieux de piété,
> A Nôtre-Dame, au Val-de-Grâce,
> Couvent des couvens l'outre-passe
> Tant en sainte dévotion,
> Qu'en pompeuze construction.
> Il ne faut pas qu'on me demande
> Si l'allégresse, illec, fut grande,
> De voir, dans ce sacré contour,
> Ce petit et royal Amour.
> Il fut aux Carmélites mesmes,
> Comblant de liesses extresmes
> Les religieuzes du lieu,
> Qui se réjouyrent en Dieu
> De la vizite de ce prince,
> Qui pour son âge n'est pas mince,
> Mais gros et gras; pour le certain,

---

[1] Loret, *Muze historique*, Lettre du 5 novembre 1661, édit. Ravenel et Livet, t. III, p. 424.

Bien élevé, bien frais, bien sain,
Grâce aux soins que la gouvernante
Prend de sa personne charmante,
Et grâce à la nourice aussy,
Dont le plus assidu soucy,
Et qui plus, nuit et jour la touche,
Est d'ofrir à sa jeune bouche
(Où l'on void déjà quatre dents)
Ses tétons, en lait abondans [1].

Elle ne les lui offrit que pendant neuf mois, et fut alors remplacée par Marie Henry, femme Moreau [2]. Marguerite, fatiguée sans doute, n'avait point démérité, car nous voyons qu'elle reçut une pension de huit cents livres, « pour l'honneur qu'elle a eu de donner à téter pendant neuf mois à monseigneur le Dauphin [3]. »

Le duc de Bourgogne [4], fils du grand Dauphin, eut trois nourrices : Anne Composion, femme du sieur Pierre Margalé ; une dame Lair et une dame de la Fontaine [5].

Louis XV fut nourri par Marie-Madeleine Bocquet, femme de Simon Mercier, maréchal

---

[1] *Muze historique,* Lettre du 6 mai 1662, t. III, p. 497.
[2] *État de la France pour 1672,* p. 399.
[3] A. Jal, p. 920.
[4] Né le 6 août 1682.
[5] *État de la France pour 1687,* p. 666.

ferrant, qui fut fait contrôleur de la douane, puis contrôleur général de la Maison de la reine. Louis XV ne cessa de protéger cette très nombreuse famille. A ce point qu'un des fils de Madeleine, Antoine Mercier, devint chef d'escadre, c'est-à-dire officier général de la marine, dans un temps où l'état-major de la flotte n'admettait guère que des gentils-hommes.

Au reste, l'histoire des huit enfants de Madeleine Bocquet vaut la peine d'être contée.

L'aîné, Louis Mercier de Saint-Vigor, fut capitaine au régiment du roi, et, après la mort de son père, contrôleur général de la Maison de la reine.

Le second, La Source, eut le grade de lieutenant général, et devint à son tour contrôleur général chez la reine.

Le troisième, Antoine, est le chef d'escadre dont je parlais tout à l'heure.

Le quatrième, l'abbé Mercier, jouit de bénéfices estimés au moins cinquante mille écus.

Le cinquième, Louis Mercier, devenu fermier général, fut guillotiné à l'âge de soixante-dix-huit ans.

Les filles eurent un avenir tout aussi brillant.

L'une d'elles épousa un oncle du comte de Cheverny.

Une autre devint la femme de du Parc, intendant général des postes.

Une troisième fut mariée à Héron de Courgy, receveur des consignations [1].

Voilà ce qui peut s'appeler une famille bien casée.

La première nourrice de Louis XVI dut être congédiée [2], et autant en arriva à celle du comte de Provence, son frère. Le duc de Luynes écrivait dans son *Journal*, à la date du 5 février 1756 : « M. le comte de Provence donne de l'inquiétude ; le lait de sa nourrice ne s'est pas trouvé capable de le nourrir. Il ne s'est pas trouvé aux retenues une seule nourrice dont le lait ne fût trop vieux. On a prétendu n'en point trouver de bonnes à Paris ; il s'en est présenté une ou deux ici qui ont été jugées bonnes. Cependant, on a envoyé en poste en chercher une à quarante lieues d'ici, dans le pays de Caux, en Normandie. L'enfant d'un particulier ne trouveroit pas tant de difficultés à avoir une nourrice [3]. »

[1] Dufort de Cheverny, *Mémoires*, t. I, p. 25.

[2] Duc de Luynes, *Mémoires*, 5 septembre 1754, t. XIII, p. 443.

[3] Tome XIV, p. 413.

Après huit années de stérilité, Marie-Antoinette était accouchée d'une fille. C'est seulement trois ans plus tard qu'elle donna à la France un Dauphin, et cette naissance fut accueillie avec des transports d'allégresse[1]. Dès la fin du premier mois, la nourrice dut être changée. Nous en sommes informés par la *Correspondance secrète*[2], qui nous a aussi conservé le couplet suivant, dont le succès fut, paraît-il, très grand à Paris :

Du plus vert galant des Bourbons
Le sang coule en ses veines.
Palper deux paires de tétons,
N'avoir pas huit semaines!
Ce début est d'un franc luron,
La faridondaine, la faridondon.
Tout lait de tétons qu'il verra
Tournera.
Oh! combien il en tâtera,
Remplira!

La seconde nourrice s'appelait madame Poitrine, nom prédestiné. C'était une robuste paysanne, fille d'un jardinier des environs de Sceaux[3]. Malgré la confiance qu'elle inspirait, on plaça auprès d'elle une *gardienne du ventre*,

[1] Voy. *L'enfant*, t. I, p. 157 et suiv.
[2] 10 décembre 1781, t. XII, p. 192.
[3] *Mercure de France*, n° de novembre 1781, p. 82.

qui, disent les *Mémoires secrets*, ne la quittait point, méme lorsqu'elle allait à la garde-robe. Elle rendait compte à la Faculté de son état de santé, « afin que s'il lui survenoit quelque dérangement, elle pût étre remplacée sur le champ par une autre de celles toujours en réserve pour ces cas éventuels[1]. » Précaution inutile cette fois, car madame Poitrine fut une admirable nourrice. Vrai est de dire, toutefois, qu'elle jurait comme un grenadier, et ne s'étonnait de rien à la Cour, pas méme des dentelles et des bonnets de six cents livres dont on l'affublait.

C'est elle qui fit connaitre à Versailles la célèbre chanson de Marlborough, qu'elle avait apprise dans son village, et qu'elle chantait au Dauphin pour l'endormir. Il faut y voir, selon toute apparence, la parodie d'une complainte qui pourrait dater de la bataille de Malplaquet (1709), car le bruit courut un instant que le vainqueur de Villars avait été tué pendant l'action. L'air plut à Marie-Antoinette, élève de Gluck, et ce caprice royal assura le succès des naïfs couplets. En 1783, tout était *à la Marlborough*, les rubans, les

[1] 8 novembre 1781, t. XVIII, p. 130

gilets, les coiffures, etc[1]. L'année suivante, Beaumarchais faisait jouer *Le mariage de Figaro*, et Chérubin y chantait sa chanson d'amour sur l'air de Marlborough.

V

NOURRITURE ET SEVRAGE

L'alimentation artificielle. — Le biberon, la cuillère, le petit pot. — Charles VII élevé au petit pot. — Les laitières au seizième siècle. — Henri IV mis au lait d'ânesse. — La bouillie, ses partisans et ses adversaires. — La bouillie, mets estimé servi sur les meilleures tables. — La bouillie de Louis XIII et celle de Louis XIV. — Enfants nourris sans lait : le cardinal de Bernis et madame de Genlis. — Préservatifs contre les convulsions. Les pierres précieuses. Les dents de loup, de chien, de lièvre, de dauphin, etc. Les colliers d'ambre. — Remèdes destinés à faciliter la dentition. — Le hochet. — La première dent de Louis XIII et ses premiers pas. — Sens du mot *tata*. — Le sevrage. — A quel âge et comment il doit être pratiqué. — Le sevrage des fils de Henri II, du Dauphin, fils aîné de Louis XIV. — Le pipi au lit.

Lorsque la mère ne pouvait ou ne voulait nourrir, l'on avait le plus souvent recours au biberon, dont l'usage est fort ancien. On le voit cité dès le treizième siècle dans le roman de Robert le Diable, et plusieurs types, re-

[1] Bachaumont, 17 juin 1783, t. XXIII, p. 12. Voy. aussi p. 103.

montant très haut, ont été découverts un peu partout, notamment dans les fouilles exécutées au château de Pierrefonds [1]. L'allaitement à la cuillère ou au petit pot avait aussi ses partisans. Charles VII eut deux nourrices, ce qui n'empêche pas qu'il fut élevé au petit pot. Les comptes de la maison royale parlent sans cesse de la « fleur » qui servait à son alimentation ; de la « paielle [2] » et de la « cullier d'argent blanc pour faire la bouillie à Mgr messire Charles de France ; » du « pot d'argent à mettre lait, » et des serviettes délivrées à ses femmes « pour mettre devant lui quand on lui donne la boullye [3]. »

Au début du seizième siècle, un des premiers cris dont retentissait Paris était celui des laitières qui, dès le matin, prévenaient les nourrices de leur arrivée :

Au matin pour commencement
Je crie du laict pour les nourrices,
Pour nourrir les petis enfans
Disant : ça tost le pot, nourrice [4].

[1] Viollet le Duc, *Dictionnaire du mobilier*, t. II, p. 37. — Auvard et Pingat, *Hygiène infantile*, p. 59 et suiv.

[2] Poêlon.

[3] Du Fresne de Beaucourt, *Histoire de Charles VII*, t. I, p. 9.

[4] *Les cent et sept cris que l'on crie journellement à Paris*

On admettait alors que « si un enfant est nourry du laict d'une beste, il luy demeurera toujours quelque chose de la qualité de ce laict, et par conséquent de la nature de la beste[1]. » Mais ceci ne s'appliquait qu'aux nouveau-nés ; je lis, en effet, qu'au cours de l'année 1579, l'on n'hésita pas à acheter « une ânesse noire, » pour fournir du lait à Henri IV, alors en Navarre[2].

Quel que fût le mode de nourriture adopté, l'enfant était mis de très bonne heure au régime de la bouillie. Ambroise Paré, adoptant les idées de Galien, en permet l'usage dix ou douze jours après la naissance[3]. Mauriceau ne l'autorise qu'à deux ou trois mois[4]. Dionis, plus sage encore, qu'à trois ou quatre mois. Ce dernier exige, en outre, que la nourrice donne le sein à l'enfant aussitôt après, « afin que le lait, délayant la bouillie dans l'estomac, elle en soit plus facilement digérée[5]. » Gui Patin se montra toujours ennemi acharné de

---

(1545). Dans *L'annonce et la réclame*, p. 159. Voy. aussi p. 149.

[1] Cl. Joly, p. 231.

[2] *Inventaire des archives des Basses-Pyrénées*, t. I, p. 6.

Page 942.

Page 445

Pages 407 et 408.

la bouillie, et il en faisait une des causes ordinaires de la variole. Il écrivait à son ami Spon,
le 8 mars 1644 : « Il vaudroit beaucoup mieux
accoutumer les enfans à prendre du bouillon
avec la cuillier ou humer petit à petit, y ajou-
tant quelque mie de pain à mesure qu'ils
croîtroient, que de les réduire à ce grossier et
visqueux aliment, dont les nourrices crèvent
leurs enfans, et durant qu'ils sont à la mamelle et après qu'ils sont sevrés. Mes cinq
petits garçons n'ont point mangé de bouillie,
et n'ont été que peu ou point du tout attaqués
de la petite-vérole [1]. »

Au seizième et au dix-septième siècles, la
bouillie se servait sur les meilleures tables et
avait pris faveur même à la Cour. Bruyerin
Champier disait, vers 1560, que les hommes
redevenaient enfants pour en manger, surtout
durant le carême [2]. Le 22 octobre 1616,
Louis XIII trouva Marie de Médicis à table, en
face d'un plat de bouillie [3]. Une anecdote rap-
portée par mademoiselle de Montpensier,
nous montre Anne d'Autriche et son fils
Louis XIV prêts à diner avec « un poëlon de

---

[1] Édit. Réveillé-Parise, t. I, p. 317.
[2] *De re cibaria*, édit. de 1560, p. 739.
[3] Héroard, t. II, p. 203.

bouillie. » Monsieur, frère du roi, entre et
prétend prendre sa part du régal. Louis XIV
le lui défend, et veut arracher l'assiette à son
frère, qui se fâche et la « jette au nez du roi[1]. »

Le plus grand historien de ce siècle, J.-A.
de Thou, raconte dans ses mémoires[2] qu'il
fut nourri seulement de lait, « parce qu'il
avoit pour toute sorte de bouillie une aversion
invincible[3]. » Louis XIII était né depuis un
mois à peine quand il prit sa première bouillie[4].
On vient de voir que Louis XIV, même devenu
grand, ne dédaignait pas cet insignifiant aliment, dont la décadence commença au dix-
huitième siècle. Il fut alors l'objet de cri-
tiques sérieuses[5], auxquelles J.-J. Rousseau
s'associa dans son *Émile*[6].

Le cardinal de Bernis, dont la nourrice avait
peu de lait, fut habitué tout petit à manger

---

[1] *Mémoires,* édit. Petitot, IIe série, t. XLII, p. 291.

[2] Édit. Michaud, p. 272.

[3] De Thou, comme le firent plus tard Sully et d'Aubigné,
feignit de n'avoir pas écrit lui-même ses mémoires. Il voulait qu'ils parussent, après sa mort, sous le nom de Rigault,
son ami.

[4] Héroard, t. I, p. 8, 19 et 30. — Cl. Groulart, *Mémoires,*
édit. Michaud, p. 588.

[5] *Vues d'un citoyen. Mémoire politique sur les enfans*
(1757), p. 7.

[6] Livre I.

des soupes aux choux et au lard. Il croyait devoir à cette nourriture grossière l'excellente
santé dont il jouit jusqu'à une extrême vieillesse[1]. En Angleterre, beaucoup de nouveau-
nés étaient, même dans la classe riche, confiés
à des nourrices sèches, et alimentés de lait,
de pain et de bouillie[2]. Madame de Genlis,
dont la nourrice était grosse de quatre mois,
ne but jamais une goutte de lait ; on y substi-
tua « du vin mêlé d'eau, avec un peu de mie
de pain de seigle passée dans un tamis. Cette
singulière nourriture, dit-elle, qu'on appelle
en Bourgogne de la *miaulée*, me réussit parfaitement [3]. »

Une foule de préservatifs étaient mis en
usage pour préserver les nouveau-nés des
convulsions et des nombreuses incommodités
auxquelles ils sont sujets.

Jérôme de Monteux, au seizième siècle,
préconise les pierres précieuses, dont les pro-
priétés thérapeutiques n'étaient alors contes-
tées par personne[4]. Il signale aussi quelques
procédés bien efficaces ; il recommande, par

---

[1] *Mémoires*, t. I, p. 7.
[2] Dangeau, *Journal*, 25 juin 1688, t. II, p. 149.
[3] *Mémoires*, t. I, p. 6.
[4] Voy. *Les médicaments*, p. 138 et suiv.

exemple, de pendre au cou de l'enfant une
dent de lièvre, de chienne, de loup ou de dauphin, l'œil droit d'un ours, une branche de
corail, un sachet renfermant un morceau de
la peau d'un âne ou d'un loup[1].

Guillemeau, un siècle plus tard, se contente
à moins de frais. On pendra seulement au cou
de l'enfant « un nouet fait de racine d'iris,
d'angélique, de pivoine mâle surtout[2]. »
Quand le petit Louis XIII eut trois mois, on
lui « mit un collier de grains de corail[3]. »

Les remèdes destinés à faciliter la dentition
étaient innombrables. Les dents de loup
jouaient encore ici leur rôle. « Liées sur l'enfant en maillot, écrit Jacques du Fouilloux,
elles les aydent à faire plustost venir leurs
dents et avec moindre douleur[4]. » Les gens
riches enchâssaient dans l'or ou l'argent une
dent de vipère mâle et la suspendaient au cou
de l'enfant. Les pauvres se contentaient d'une
racine d'ache. Dans tous les cas, la nourrice
devait frotter les gencives douloureuses avec
son doigt oint de miel, de beurre frais, de

[1] Page 217.
[2] OEuvres de chirurgie, p. 428.
[3] Héroard, 26 décembre 1601, t. I, p. 13.
[4] La vénerie, édit. de 1585, f° 113, verso.

cervelle de lièvre ou de vipère, de lait de
chienne mêlé à de la cervelle de cochon, etc. [1]
Je dois dire que Mauriceau, en 1668, traite
tous ces procédés de « niaiseries [2]. »

Mais les chirurgiens s'accordent à recommander l'usage du hochet. Au seizième siècle,
c'était « un baston de reclisse trempé en bon
miel, » souvent aussi une dent de requin.
« Les orfèvres, écrit Ambroise Paré, gar-
nissent ces dents d'argent, et les nourrices y
font adjouster de petites sonnettes, qui leur
servent à jouer et à folastrer avec l'enfant [3]. »
Guillemeau approuve « le baston de rigue-
lisse, » et y ajoute « un brin de la racine
de guimauve [4]. » Mauriceau a l'étrange idée
d'y substituer « un petit bout de bougie de
cire neuve; » il reconnaît, d'ailleurs, que l'on
se sert « plus ordinairement d'un hochet
d'argent, garni de petites sonnettes, dans
lequel est enchâssée une dent de loup ou
un morceau de corail ou de cristal [5]. » J.-J.
Rousseau protesta avec raison contre les ho-

---

[1] A. Paré, p. 1002. — Guillemeau, p. 425. — Charas,
Nouvelles expériences sur la vipère, p. 140.

[2] Page 474.

[3] Pages 1002 et 1064.

[4] Page 425.

[5] Page 474.

chets formés de ces matières dures. « Prenons
toujours l'instinct pour exemple, dit-il. On ne
voit point les jeunes chiens exercer leurs dents
naissantes sur des cailloux, sur du fer, sur des
os, mais sur du bois, du cuir, des chiffons,
des matières molles, qui cèdent et où la dent
s'impreigne. » Rousseau en revient au bâton
de réglisse, et aussi préconise très imprudem-
ment la tête de pavot [1].

Louis XIII eut sa première dent à sept mois.
Il était né le 26 septembre 1601, et le 16 avril
suivant, Henri IV écrivait à madame de Montglat : « Vous ne m'eussiés sceu mander une
plus agréable nouvelle, après l'assurance de la
continuation de la santé de mon fils, que celle
que vous m'avez mandée par Guérin [2] qu'il a
desjà une dent. Je vous prie de continuer
d'en avoir soin et m'en mander souvent des
nouvelles [3]. » Le 14 juin, « ses cheveux, châtain clair, ont trois grands doigts en longueur. » Le 4 juillet, « il est peigné pour la
première fois, y prend plaisir et accommode
sa tête selon les endroits qu'il lui démangeoit. » Le 19 octobre, « il commence « à che-

---

[1] *Émile*, liv. I.
[2] Apothicaire du Dauphin.
[3] *Lettres missives*, t. V, p. 575.

miner avec fermeté, soutenu sous les bras[1]. »
A ce sujet, je rappellerai qu'au dix-huitième
siècle on appelait *tata* les lisières destinées à
faciliter les premiers pas de l'enfant[2], et que
ce mot désignait chez les latins un pédagogue, un père nourricier, etc.[3]

On sevrait les enfants entre dix-huit mois
et deux ans. La nourrice devait peu à peu refuser son sein ; puis, après un certain temps,
« mettre dessus son tétin chose amère, aloès,
eau trempée de colocynthe ou absinthe, ou
bien un peu de moustarde ou de suye déléyée
en eau[4]. » Jérôme de Monteux, qui fut premier médecin de Henri II[5], raconte comment
il régla le sevrage de « messieurs les enfans du
Roy nostre sire. J'ay, dit-il, commandé chau-
deaux faits avec pain, avec pure farine de
froment, amydon, amandes, horgeats et semblables, ou avec miette trempée en brouet de
chair de chevreau, de jeune veau ou d'un
jeune beuf, de mouton, de chappons, de pou-

---

[1] Héroard, t. I, p. 29, 30 et 34.
[2] *Dictionnaire de Trévoux,* édit. de 1771, t. VII, p. 992.
[3] Par analogie avec *mamma.* Voy. Freund, *Dictionnaire
latin,* édit. Theil, t. II, p. 429 et t. III, p. 411. — Ducange,
Glossarium, t. VI, p. 516.
[4] A. Paré, p. 944.
[5] Voy. la dédicace de son livre.

lets. Quelque fois, je leur faisois donner d'une aisle de chappon bouilli couppée bien menu, ou d'une 'poitrine de faisan rosti, ou d'une cuisse de perdrix ou de francolin semblablement haché [1]. » Louis XIII fut sevré à dixhuit mois, et la première viande qu'il mangea était du canard [2]. On sevra à deux ans seulement le Dauphin, fils aîné de Louis XIV, et Loret nous a conservé le souvenir de ce grand événement :

Hier, le Daufin fut sevré.
Son petit cœur en fut navré,
Ses yeux remplis de jolis charmes
En répandirent quelques larmes,
Et l'abstinence du tétin
Le fit parêtre un peu mutin.
Mais, enfin, l'affaire en est faite,
Prézentement plus il ne taite,
Le lait, pour luy, n'a plus d'apas,
Il fait d'autres légers repas,
Et commence à prendre l'uzage
De la viande et du potage,
Ayant passé les accidents
Qu'on craint aux enfans pour les dents [3].

Je mentionnerai encore, pour mémoire, un

---

[1] Page 200.
[2] Héroard, 30 janvier 1603, t. I, p. 43.
[3] *Muze historique,* n° du 27 octobre 1663, t. IV, p. 118.

autre accident auquel les enfants sont exposés,
même fort longtemps après leur sevrage. Ceux
qui s'oubliaient pendant la nuit et mouillaient
leurs draps étaient mis à un singulier régime,
on leur faisait manger du porc-épic[1], viande
encore estimée au dix-huitième siècle[2]. Très
sagement, Guillemeau recommande de « ne
les tancer ny battre[3], » mais il n'indique
aucun remède pour les guérir de cette incom-
modité, dont il ignorait la vraie cause.

[1] B. Platina, *De honesta voluptate*, trad. D. Christol,
édit. de 1505, p. 48.

[2] Liger, *Nouvelle maison rustique*, édit. de 1749, t. II,
p. 738.

[3] Page 434

CHAPITRE III

LES PREMIÈRES ANNÉES

I

L'ENFANT ENTRE LES MAINS DES FEMMES.

Fécondité des mariages. — Pères de dix enfants dispensés d'impôts. — La mère, la gouvernante. — Maison des Enfants de France : Charles Orland, le duc de Bourgogne, le duc de Bretagne. — Les menins et les gentilshommes de la manche. — Privilèges accordés aux Enfants de France. — Ordres qui leur sont conférés dès leur naissance. — Ondoyés à l'eau tiède. — Leurs femmes de chambre. — Leurs chambres et leurs meubles sont matelassés. — Officiers du roi à leur service. — Leur maison militaire. — La municipalité de Paris leur fournit leurs premières armes. — Comment le Dauphin écrivait au roi. — Les premières années de Louis XIII. — Anne d'Autriche et Mazarin. — L'enfance de Louis XIV, du Dauphin Louis, du duc de Bourgogne, de Louis XV. — Mauvaise éducation que reçut Louis XVI. — L'enfance de Louis XVII.

Les mariages étaient en général très féconds, et sur ce point, nos rois donnèrent le bon exemple à leurs sujets. Pour ne parler que des enfants légitimes, Charles VII en eut

treize ; Louis VIII et Charles VI, douze ;
Louis IX, onze ; Henri II et Louis XV, dix ;
Jean II et Charles V, neuf ; Louis VI et
Louis VII, huit ; Philippe IV, Louis XI et
François Ier, sept. Nous avons dit [1] qu'en
1336, Philippe VI gracia un coquin qui avait
treize enfants vivants. Dans l'église Saint-Jean
en Grève était enterrée une femme qui, de ses
deux garçons et trois filles, avait vu naître
cent dix enfants [2]. Sous les charniers des
Innocents, on lisait l'épitaphe d'Yolande
Bailli qui, morte à quatre-vingt-huit ans,
avait pu voir deux cent quatre-vingt-quinze
enfants issus d'elle [3]. Le maréchal de Noailles
eut vingt et un enfants, le premier duc de
Larochefoucauld en eut dix, l'auteur des
Maximes neuf, et le marquis de Biron vingt-
six [4]. Le père de Dumouriez servait en 1730
dans le régiment de Picardie, « où ils étoient
sept frères à la fois [5]. » Le 15 octobre 1781,
l'on célébra les noces d'or d'un papetier de

---

[1] Voy. *L'enfant*, t. I, p. 96.

[2] Sauval, *Antiquités de Paris*, t. II, p. 551.

[3] Piganiol de la Force, *Description de Paris*, t. III,
p. 304.

[4] Ernest Bertin, *Les mariages dans l'ancienne société
française*, p. 143, 144, 213 et 226.

[5] *Mémoires*, édit. Barrière, p. 10.

Paris, qui comptait quarante-quatre enfants et petits-enfants [1]. Dès 1573, un arrêt du parlement de Dijon avait dispensé de tout impôt le père de douze enfants [2]. L'édit de novembre 1666 réduisit ce nombre à dix enfants, pourvu qu'ils fussent vivants [3], condition que supprima la Déclaration du 13 janvier 1683 [4].

En général, l'éducation première de l'enfant incombait, comme aujourd'hui, à la mère ou à une domestique qui était désignée sous le nom de *femme d'enfants* [5]. Dans les familles riches, succédaient aux soins de la nourrice ceux d'une gouvernante [6]. Chez les Étienne [7], comme chez Montaigne [8], les domestiques eux-mêmes avaient appris un peu de

---

[1] *Gazette de France*, n° du 30 novembre 1781, p. 436.

[2] J. Brillon, *Dictionnaire des arrêts*, t. II, p. 62.

[3] Dans Isambert, *Anciennes lois françoises*, t. XVIII, p. 91.

[4] *Ibid.*, t. XIX, p. 413.

[5] Jaubert, *Dictionnaire des arts et métiers*, t. II, p. 191.

[6] Sur les conditions que devait remplir une bonne gouvernante, voy. Christine de Pisan, *La cité des dames*, édit. de 1556, f° XXXI, verso, et Audiger, *La maison réglée* [1692], p. 88 et suiv.

[7] « Uxor, ancillæ, clientes, liberi... » Voy. A. Chevillier, *De l'origine de l'imprimerie de Paris*, p. 146 et 258.

[8] « Ny mon père, ny ma mère, ny vallet, ny chambrière ne parloient en ma compagnie qu'autant de mots latins que chascun avoit appris pour jargonner avec moy. » *Essais*, liv. I, chap. 25.

latin, et ne se servaient que de cette langue avec les enfants. C'étaient là de rares exceptions ; mais l'académicien Charles Perrault[1], le cardinal de Bernis[2] et cent autres n'ont pas dédaigné de nous faire savoir que la lecture et l'écriture leur avaient été enseignées par leur mère.

Aussitôt nés, les Enfants de France avaient un nombre considérable de domestiques attachés à leur personne. Voici, par exemple, comment était constituée en 1494 la Maison du fils aîné de Charles VIII, le petit Charles Orland[3], alors âgé de deux ans :

1 gouvernante.	1 écuyer.
1 nourrice.	5 enfans d'honneur.
1 berceresse.	1 médecin.
3 femmes de chambre.	1 apothicaire.
1 lavandière[4].	6 officiers[5] de garde-robe.
3 chambellans.	6 officiers de paneterie.
7 maîtres d'hôtel.	4 officiers d'échansonne-
4 panetiers.	rie.
4 échansons.	11 officiers de cuisine.
4 valets tranchants.	2 officiers de fruiterie.
6 valets de chambre.	4 officiers de fourrière.

[1] *Mémoires*, p. vij.
[2] *Mémoires*, t. I, p. 10.
[3] Né le 8 septembre 1492, mort le 6 décembre 1495.
[4] Blanchisseuse.
    Officier signifie ici titulaire d'office.

2 clercs d'office.   2 chapelains.
5 huissiers.   1 sommelier de chapelle.
4 portiers.   1 trésorier.
2 tapissiers.   1 contrôleur [1].
2 aumôniers.

Soit en tout 96 personnes. Au même temps, la Maison du roi se composait de 366 personnes ; celle de la reine en comptait 343 [2].

Même sous Louis XIV, un petit-fils du roi était bien loin de posséder une Maison aussi nombreuse que celle du Dauphin Charles Orland. Ainsi, le duc de Bourgogne, déjà âgé de cinq ans, disposait seulement de 32 domestiques. Savoir :

Une gouvernante, la maréchale de La Mothe-Houdancourt, qui touchait 3,600 livres de gages et 24,000 livres pour sa table.

Une sous-gouvernante, madame de Venelle, qui touchait 1,200 livres de gages et 3,600 livres pour sa nourriture.

Une première nourrice, Anne Composion, femme du sieur Pierre Margalé : 1,200 livres de gages, 1,080 livres pour sa nourriture.

Une deuxième nourrice, madame Lair :

[1] Godefroy, *Histoire de Charles VIII*, preuves, p. 703.
[2] *Ibid.*, p 704 et 706.

1,200 livres de gages, 1,080 livres pour sa nourriture.

Une troisième nourrice, madame de la Fontaine : 1,200 livres de gages, 1,080 livres pour sa nourriture.

Une remueuse, madame de Beaujeu : 1,440 livres.

Une première femme de chambre : 1,440 livres.

Neuf femmes de chambre « pour veiller : » 1,280 livres.

Une gouvernante « *de Madame la nourrice* : » 880 livres.

Une gouvernante des nourrices de retenue : 880 livres.

Un premier médecin, M. Fagon : « Il a 11,400 livres pour gages, nourriture, entretenement et pension. »

Un argentier : 1,400 livres.
Deux valets de chambre : 930 livres.
Deux garçons de la chambre : 880 livres.
Un porteur de meubles : 100 livres.
Un maître à danser.
Un maître de violon.
Deux blanchisseuses.
Une femme de cuisine.

Deux porteurs attachés à l'écurie [1].

En 1680, le roi plaça auprès du Dauphin plusieurs [2] jeunes gentilshommes qui reçurent le nom de *menins* [3]. Ils touchaient six mille livres de pension, et devaient former la société ordinaire du petit prince. « Ce sont ses dames du palais, » écrit madame de Sévigné [4]. Les menins ayant mission d'amuser et de surveiller les fils du Dauphin étaient dits *gentilshommes de la manche* [5], peut-être parce que l'étiquette ne permettant pas qu'ils prissent le prince par la main, ils ne le touchaient qu'à la manche. Les lettres de provision qui conféraient

---

[1] *État de la France pour* 1687, p. 665.

[2] Leur nombre varia entre six et dix. Voy. la *Gazette de France*, n° du 23 février 1680, p. 96. — Bussy-Rabutin, Lettre du 24 février 1680, dans sa *Correspondance*, t. V, p. 71 et 85. — *Lettres de la princesse Palatine*, 25 février 1680, trad. Jaeglé, t. I, p. 20. Cette lettre ne figure pas dans la traduction Brunet.

[3] De l'espagnol *menino*, mot par lequel on désignait à Madrid des jeunes gens de grande naissance élevés avec les princes de la famille royale.

[4] *Lettre* du 21 février 1680, t. VI, p. 272. Voy. aussi t. VII, p. 481 et le *Journal* de Dangeau, t. I, p. 266.

[5] Il ne faut pas les confondre avec les *gardes de la manche*. On donnait ce nom à vingt-quatre gentilshommes (réduits à dix en 1776) qui appartenaient à la *compagnie écossaise des gardes du roi*. Dans toutes les cérémonies, ils se tenaient debout au côté du roi, manche à manche avec lui. Voy. Guyot, *Traité des offices*, t. II, p. 49.

cette charge indiquent bien quels en étaient les devoirs. Voici un extrait de celles que reçut Henri de Candeau nommé gentilhomme de la manche en 1690 :

Louis, etc., voulant pourvoir à ce qu'il y ait toujours auprès de nostre petit-fils le duc d'Anjou des personnes pour le suivre partout, veiller sur ses pas, et prévenir les accidens qui peuvent arriver aux enfans de son âge, nous avons fait choix à cet effet de nostre cher et bien amé Henry de Candeau, ayde-major du régiment de nos gardes françoises... A ces causes, nous avons ledit sieur de Candeau commis, ordonné et estably... pour suivre nostre dit fils le duc d'Anjou partout, demeurer assidu auprès de sa personne en qualité de *gentilhomme de sa manche*, ne le point perdre de veue, et prendre exactement garde qu'il ne luy arrive aucun inconvénient : le tout sous les ordres et la direction de nostre cousin le duc de Beauvilliers [1].

Donné à Versailles, le 25e jour d'aoust, l'an de grâce 1690 [2].

Aussitôt après sa naissance, le Dauphin, déposé sur un plat d'argent, était porté dans l'appartement qui lui avait été préparé. Une nombreuse escorte l'entourait, commandée par le capitaine des gardes du roi, et c'était la seule circonstance où celui-ci pût quitter le

---

[1] Gouverneur du prince.
[2] Voy. A. Jal, *Dictionnaire critique,* p. 635.

souverain [1]. Dès que l'enfant était couché, le grand maître des cérémonies, un ministre ou un seigneur désigné par le roi se présentait. Il déposait sur le berceau la croix et le cordon bleu de l'ordre du Saint-Esprit. Le premier Dauphin, fils aîné de Louis XVI, reçut en même temps la croix de Saint-Louis, ordre militaire qui lui fut apporté par le ministre de la guerre [2].

A dater surtout de l'avènement des Bourbons, les Enfants de France ne reçurent plus le baptême que longtemps après leur naissance.

Louis XIII fut baptisé à 6 ans.

  — XIV —   — 4 —

  — XV —   — 2 —

Le Dauphin,
fils de Louis XV —   — 8 —

Mais Louis XVI fit baptiser ses enfants le jour même de leur naissance. Quand le baptême était retardé, l'on ondoyait le nouveau-né dans la chambre même où venait d'avoir lieu l'accouchement et, par privilège spécial, on avait soin de faire tiédir l'eau lustrale [3].

Auprès du berceau veillait jour et nuit une

---

[1] Voy. L'enfant, t. I, p. 277.

[2] Ibid., t. I, p. 276, 277, 279 et 281.

[3] Dionis, Traité général des accouchemens, p. 410.

femme de chambre, à qui il était interdit de s'endormir un seul instant [1].

Les Enfants de France ne portaient pas de bourrelet. Tant qu'ils restaient entre les mains des femmes, c'est-à-dire jusque vers sept ans, leur chambre et leurs meubles étaient matelassés. Deux femmes de chambre tenaient les lisières qui assuraient leurs premiers pas [2] et qu'ils gardaient longtemps. Louis XV, né le 15 février 1710, passa entre les mains des hommes le 15 février 1717. Le 13, on lui ôta ses lisières. « Le 14, le Roy étant habillé, les officiers de garde-robe demandèrent s'il souhaitoit qu'on lui remît ses lisières. Le Roy répondit que non. Madame la duchesse de Ventadour [3] répliqua : « Le Roy se tient trop droit et marche si sûrement que je n'ai pas dessein qu'on les lui remette [4]. »

Différents officiers du roi servaient chez les Enfants de France. Un chapelain de Sa Majesté venait chaque jour dire la messe dans leur chambre. Le premier médecin du roi ou

---

[1] Voy. L'enfant, t. I, p. 82.

[2] Voy. Mme de Genlis, Dictionnaire des étiquettes, au mot bourrelets, et Souvenirs de Félicie, édit. Barrière, p. 186.

[3] Sa gouvernante.

[4] Mercure de France, nº de février 1717, p. 156.

l'un de ses médecins ordinaires devait étre présent quand la remueuse les berçait. Des huissiers du roi se tenaient à la porte, dont la défense était confiée à douze gardes du corps, qui couchaient tour à tour dans la première pièce de l'appartement. Deux valets de pied, chargés des commissions, restaient en permanence dans l'antichambre. Dix autres valets de pied étaient sans cesse de service. Si un Enfant de France assistait à une audience royale, à une réception d'ambassadeur, par exemple, sa place était au côté droit du roi.

« La gouvernante et la sous-gouvernante entrent sur l'estrade, en dedans des balustres, aussi bien que la femme de chambre qui le tient entre ses bras et l'huissier de chambre qui le soutient de peur qu'il ne tombe [1]. »

Le Dauphin avait, dès sa naissance :

Une compagnie de gendarmes [2].

—   —   chevau-légers.

Un régiment de cavalerie.

—   d'infanterie.

—   de dragons [3].

[1] Voy. *État de la France pour* 1672, p. 408, *et pour* 1687, p. 664.

[2] Voy. ci-dessous.

[3] Régiments de cavalerie-légère que leur costume, leur drapeau, leur service distinguaient des autres corps.

Il portait les armes de France écartelées avec les siennes qui étaient *d'or, au dauphin d'azur, crêté, oreillé, barbele de gueules*. L'écu

entouré des colliers du Saint-Esprit et de Saint-Louis. La couronne royale fermée par quatre dauphins, dont les queues en se réunissant soutenaient une fleur de lys [1].

Nous avons vu [2] que le pape envoyait à chaque Dauphin des langes bénits. La ville de

---

[1] *État de la France pour* 1687, p. 598. — *État de la France pour* 1712, t. II, p. 4.

[2] Ci-dessus, p. 16.

Paris prétendait au privilège de lui fournir ses premières armes.

En général, quand le Dauphin écrivait au roi, il débutait par le mot *Monseigneur*, laissait six doigts de blanc avec une marge fort large, et terminait ainsi : « Votre très humble et très obéissant fils, serviteur et sujet. » Pour suscription : « Au Roi, mon seigneur et père. » Il ne donnait à la reine d'autre titre que celui de *Madame* [1].

J'ai mentionné déjà l'éducation première des rois de France depuis Louis le Gros jusqu'à Henri IV [2]. Nous sommes mieux instruits encore pour ce qui concerne Louis XIII. Nous pouvons le suivre pas à pas depuis sa naissance, dans le très curieux registre que tint le médecin attaché à sa personne, et où sont consignés jour par jour, avec une naïveté et une sollicitude toutes maternelles, les plus insignifiants détails relatifs à l'enfance du petit prince [3]. On en jugera par quelques extraits. Je dois rappeler d'abord que Louis XIII était né le 26 septembre 1601,

---

[1] Guyot, *Traité des offices*, t. II, p. 303.
[2] Voy. *Écoles et collèges*, p. 144 et suiv.
[3] Sur le *Journal de Jean Héroard*, voy. *Les médecins*, p. 170 et suiv.

« à dix heures et demie et demi quart, selon ma montre faite à Abbeville par M. Plantard : » c'est Héroard qui s'exprime ainsi.

Année 1601

28 *septembre*. Reconnoissant qu'il avoit de la peine à téter, il lui fut regardé dans la bouche et vu que c'étoit le filet qui en étoit cause. Sur les cinq heures du soir, il lui fut coupé à trois fois par M. Guillemeau, chirurgien du Roy.

10 *octobre*. Quand il tétoit c'étoit à si grandes gorgées qu'il en tiroit plus en une fois que les autres ne font en trois. Aussi sa nourrice étoit à toute heure presque à sec.

14 *octobre*. On lui donne de la bouillie, ayant mis à sec les deux mamelles; il en prend et avidement.

17 *octobre*. A cause de cette grande avidité, l'importunité des femmes lui fit donner du lard frais bouilli pour frotter ses gencives.

4 *novembre*. Frotté le ventre d'huile d'absinthe et le nombril de civette.

7 *novembre*. Sa nourrice avoit peu de lait. Mis de l'or battu au bout de sa mamelle pour les tranchées.

11 *novembre*. On lui a frotté la tête pour la première fois.

17 *novembre*. On lui a frotté le front et le visage avec du beurre frais et de l'huile d'amandes douces, pour la crasse qui paroissoit y vouloir venir.

18 *novembre*. Le Roi le fait porter en son cabinet,

où il lui fait savourer deux gouttes de vin, qu'il ne refusa point.

23 *novembre*. La Reine dit que la marque rouge qu'il a sur la nuque, à la racine des cheveux, pouvoit provenir d'une envie qu'elle eut de manger des betteraves, lesquelles on lui ôta, et n'en voulut point demander.

26 *novembre*. Il lui a été mis un collier de grains de corail au col.

12 *décembre*. Il commence à reconnoître et à nommer en son jargon, et lui étant demandé de moi par la remueuse : « Qui est cet homme-là ? » répond en jargonnant et aisément : « Éouard [1]. »

Année 1602

16 *janvier*. Charles Decourt, peintre du Roi, en tire un crayon, pour l'envoyer à Florence.

15 *février*. Il prend la bouillie avec la cuillier.

19 *février*. Il fait sa première sortie par le pont de la chapelle, ayant son chapeau de paille, porté par Mlle Lecœur, l'une de ses femmes de chambre.

12 *mars*. Il commence à tendre les mains à ce qui lui est présenté. Ce fut un livre que je lui montrois.

27 *mars*. Le peintre du Quesnel [2] l'a tiré tout de son long. Il avoit deux pieds et demi.

7 *avril*. Il considère à la messe toutes les actions de M. l'aumônier.

8 *avril*. Il jargonne ; danse au violon de Boileau, son joueur de violon.

[1] Pour Héroard.
[2] François Quesnel.

13 *avril.* Éveillé à minuit, tété, point dormi. Mlle de Rumilly me vient appeler me disant que Monseigneur le Dauphin étoit malade du mal de dents. Je y arrive incontinent après. Il s'endort à peine jusqu'à cinq heures. J'ai toujours demeuré debout, accoudé sur le bord de son berceau, tenant sa main droite dans la mienne.

15 *avril.* Reconnu par la remueuse, qui lui mit le doigt dans la bouche, une dent percée. M. Guérin, son apothicaire, part pour en porter la nouvelle au Roi à Fontainebleau [1].

2 *juin.* Champagne, cordonnier, lui prend mesure de ses souliers, qui fut d'un grand point.

8 *juin.* Il a été habillé d'un corset et d'un bas de soie, et au dessus d'une robe carrée, faite de satin blanc rayé d'argent. L'habillement lui étoit si bien séant et convenable qu'il paroissoit avoir deux ans.

14 *juin.* Les cheveux longs, châtain clair, ont trois grands doigts en longueur.

22 *juin.* Le Roi lui fait prendre sa barbe à deux mains ; il la tire bien fort et lui fait mal.

4 *juillet.* Il a été peigné pour la première fois, y prend plaisir et accommode sa tête selon les endroits qu'il lui démangeoit.

17 *juillet.* Il lui a été mis des lisières à sa robe, pour l'apprendre à marcher.

19 *août.* Il commence à cheminer avec fermeté, soutenu sous les bras.

12 *décembre.* Joué à de petits jeux.

---

[1] Voy. ci-dessus, p. 116.

Année 1603

19 *janvier*. Les cheveux lui éclaircissent en blondeur.

23 *mars*. Il joue du violon et chante ensemble.

4 *juin*. Il écrivit cette lettre au Roi, moi lui tenant la main, ayant eu la patience entière :

« Papa, Dieu vous donne le bonjour et à maman; j'ai bien envie de vous voir pour vous faire rire. Adieu, bon jour. Je suis, papa, vostre très humble et très obéissant fils et serviteur. Daulphin. »

13 *juin*. Il fait plusieurs gentillesses devant le Roi et la Reine, se retire en leur faisant la révérence.

18 *août*. On lui fait prononcer les syllabes à part, pour après dire les mots.

17 *septembre*. Il commence en ce mois à parler par discours.

2 *octobre*. La prière ordinaire que l'on commença à lui apprendre, ce fut après le *Pater, ave :* « Dieu donne bonne vie à papa, à maman, au Dauphin, à ma sœur, à ma tante; me donne sa bénédiction et sa grâce, me fasse homme de bien, et me garde de tous mes ennemis, visibles et invisibles. »

9 *octobre*. Il nomme fort bien le nom de M. de Beringhen.

3 *novembre*. Il est tiré par un peintre, de sa hauteur, qui étoit de deux pieds neuf pouces.

22 *novembre*. M. de Saint-Géran [1], sous-lieute-

---

[1] Jean-François de la Guiche, comte de Saint-Géran, qui mourut maréchal de France en 1632.

nant de sa compagnie [1], lui présente le président de Moulins et un échevin, lui offrant une épée, une lance et une paire d'armes complètes. Le président lui fait sa harangue à genoux.

ANNÉE 1604

3 février. Le Dauphin a pour violon et joueur de mandore Boileau, et pour joueur de luth Florent Hindret d'Orléans pour l'endormir.

4 février. M. de Beauclerc lui porte, de la part du Roi, une croix du Saint-Esprit, premier présent que le Roi lui a fait : la croix tenue par un dauphin émaillé de bleu.

23 février. Mené à midi au Roi, au bâtiment neuf [2]; il sert le Roi à table.

24 février. Mené au Roi, il le sert à son dîner. Fort gentil; il fait les essais [3] de toutes les viandes.

24 avril. Il se réjouit d'une robe neuve, la montre à chacun.

11 juin. Mesuré, il a trois pieds de long, moins demi-pouce.

21 juin. A deux heures, il s'amuse aux exercices de guerre. La Reine arrive, il ne veut point la baiser, la veut frapper. L'on feint de fouetter Labarge [4] comme faisant la faute : il s'apaise et fouette lui-même Labarge.

7 juillet. Botté pour la première fois. Il en est ravi, montre ses bottes à chacun.

---

[1] La compagnie de gendarmes dont j'ai parlé plus haut.
[2] De Saint-Germain.
[3] Voy. *Les repas*, p. 21 et suiv.
[4] Page de Mme de Montglat, sa gouvernante.

19 *juillet*. Il est mis dans un lit pour la première fois [1].

28 *septembre*. Je l'ai mesuré avec un pied et une ficelle de la hauteur de trois pieds et environ demi-pouce.

4 *octobre*. A douze heures et un quart dîné; il dit le *Bénédicité* pour la première fois.

30 *octobre*. Il crayonne sur du papier.

Année 1605

22 *février*. Il reconnoît beaucoup de lettres de l'alphabet.

14 *mars*. Il s'amuse à un livre des figures de la Bible. Sa nourrice lui nomme les figures et les lettres; puis après, il nomme les lettres et les connoît toutes.

6 *juin*. Il va en la chambre de Mme de Montglat. Je lui tiens la main pour écrire au Roi en cette sorte:

« Papa, j'ay su que vous avez esté malade, j'en ay esté bien marry, mais j'ay tant prié Dieu qu'il vous a rendu vostre santé. J'en ay fait trois petits sauts. J'ay bien envie de vous voir, car je suis bien sage, plus opiniastre, et feray tout ce que vous me commanderez, et seray toute ma vie, Papa, votre très humble et très obéissant fils et petit valet. DAULPHIN. »

Année 1606

1er *janvier*. Vêtu de son manteau, coiffé, peigné

---

[1] Jusque-là, il avait été couché dans un berceau.

paisiblement pour ce qu'on lui dit qu'il ne falloit pas faire l'opiniâtre le premier jour de l'année, de peur de l'être toute l'année. Il tient le manchon de Mme de Monglat, et s'en va à chacun, l'en frappant gaiement et souriant en disant : « Tenez, velà vos étrennes, » et comme honteux de n'avoir aucune chose à donner à ceux qui lui demandoient. On lui apporte du ruban bleu; il en donne à plusieurs pour étrennes.

30 janvier. La dent vingt et unième lui est percée.

17 mars. Il va chez la Reine en la galerie [1], où il court un renard avec les chiens du Roi.

18 mai. Il fait porter son écritoire à la salle à manger pour écrire sous Dumont [2], dit : « Je pose mon exemple ; je m'en vas à l'école. » Il fait des O, fort bien.

1er novembre. Mené à la chapelle de la salle du bal [3], il se confesse à son aumônier pour la première fois.

22 novembre. Il commence à apprendre à danser, apprenant la sarabande, le branle gai. Il chasse Engoulevent, bouffon; il haïssoit naturellement les plaisants et bouffons.

Année 1607

19 janvier. Il apprend à faire ses lettres, écrit son nom : *Loys.* Ce fut la première fois; il fut conduit par Dumont.

---

[1] Du Louvre.
[2] Clerc de sa chapelle, qui lui apprenait à écrire.
[3] A Fontainebleau.

22 *février*. Il commence à apprendre des mots latins, qui lui sont appris par Hubert, médecin du Roi, venu pendant mon absence.

11 *juillet*. M. Caulet, chirurgien aux chevau-légers du Roi, lui a coupé les cheveux en homme.

14 *juillet*. Il pleure fort sur ce qu'il voit pleurer Mme de Montglat pour les mauvaises nouvelles de son mari, qui étoit mort. M. de Souvré le fait étudier; ce fut la première fois.

24 *août*. A quatre heures et demie il entre en carrosse pour aller à la chasse (c'est la première fois), est mené aux environs du moulin de pierre allant vers Versailles, voit prendre près de lui un levrault avec deux lévriers, cinq ou six cailles à la remise chassées par le haubereau, et deux perdreaux, dont un pris par son épervier.

3 *octobre*. Il est vêtu de sa robe à haut collet, robe de satin gris. C'est la première qu'il a portée de cette sorte, et on lui a ôté sa bavette.

28 *octobre*. Louise Joron, l'une de ses femmes de chambre, a été accordée dans sa chambre. Il a signé les articles d'après la trace qui lui en a été faite : ç'a été son premier seing valable.

22 *novembre*. Il écrit sans trace ni aide : « Papa et maman, je vous aime bien, j'ai grande envie de vous voir. Loys. »

26 *novembre*. Il écrit une lettre au Roi, sans que l'on lui ait marqué, on ne lui a fait que nommer[1] : « Papa, ce mot est pour vous montrer que j'écris sans marquer et que je ne suis plus opiniâtre. Je

[1] Que dicter.

suis, papa, votre très humble et très obéissant fils.
Loys. »

ANNÉE 1608

6 *juin*. Il est vêtu d'un pourpoint et de chausses,
quitte l'habillement d'enfance, prend le manteau
et l'épée.

2 *août*. Baigné pour la première fois.

15 *août*. A cinq heures, monté à cheval sur une
jeune guilledine que M. de Vitry lui avoit donnée.
C'étoit la première fois.

23 *septembre*. Mis au lit, il s'éveille en sursaut
par frayeur : son tailleur qui avoit servi feu M. de
Montpensier, lui ayant fait des contes de son maître, comme il mourut, comme il fut habillé après
sa mort [1]. Il ne put être assuré tant [2] qu'il fut couché avec sa nourrice.

8 *octobre*. Il s'amuse avec ses chevaux et ses charrettes de cartes. M. de la Croix, gouverneur de
MM. de Mortemart, se met à l'entretenir et lui
dit : « Monsieur, il ne faut plus vous amuser à ces
petits jouets, ni à plus faire le charretier; vous êtes
grand, vous n'êtes plus enfant. — Mais je ne sais à
quoi. — Monsieur, il vous en faut apprendre d'autres dignes de vous. »

27 *octobre*. Il est vêtu de sa robe, pour recevoir
les députés de la Religion venant de Jargeau. Il les
a reçus fort à leur contentement.

---

[1] Il était mort le 27 février précédent.
[2] Jusqu'à ce.

Année 1609

2 *juillet.* A une heure il va trouver le Roi, qui le
mène au Conseil. Le Roi le tenoit entre ses jambes ;
la Reine aussi y assista. C'est la première fois
qu'il a été au Conseil.

27 *septembre.* A huit heures soupé chez M. Zamet,
pour solenniser le jour de sa naissance [1]. Le Roi
boit au Dauphin, disant : « Je prie Dieu que d'ici
à vingt ans je vous puisse donner le fouet [2]. » Le
Dauphin lui répond : « Pas, s'il vous plaît. —
Comment ! vous ne voudriez pas que je le vous
puisse donner ? »

8 *septembre.* Il étudie un compliment que M. de
Souvré [3] lui apprit pour dire à l'ambassadeur du
marquis de Brandebourg, qui devoit venir le saluer
sur l'après-dînée.

19 *novembre.* Étudié, écrit, tiré des armes,
dansé.

24 *novembre.* On commence à lui montrer la
carte géographique.

Année 1610

7 *janvier.* Mis au lit, il joue aux échecs. M. de la
Boissière [4] lui veut représenter un coup qu'il jouoit
mal ; il prend le roi, le lui jette à la tête. M. de Sou-

---

[1] Le Dauphin entrait, ce jour-là, dans sa neuvième
année.

[2] Moins de huit mois plus tard, Henri IV était assassiné.

[3] Son gouverneur.

[4] Un des jeunes gentilshommes attachés à sa personne.

vré l'en tance, le va dire au Roi et à la Reine qui le condamnent au fouet.

3 *février*. Étudié, écrit, tiré des armes, dansé.

24 *avril*. Étudié, écrit, tiré des armes, dansé [1].

1 *mai*. Mené chez la Reine, d'où il regarde planter le mai.

11 *mai*. Mené en carrosse à l'hôtel du Luxembourg, et de là à cheval chez la reine Marguerite.

14 *mai*. Éveillé à sept heures, levé, vêtu, prié Dieu. A huit heures et demie déjeuné, pain sec. A onze heures, dîné, joué, étudié. Sur les quatre heures, le Roi allant à l'Arsenal en carrosse est tué d'un coup de couteau par François Ravaillac...

15 *mai*. Éveillé à six heures et demie doucement. M. de Souvré lui baille par écrit ce qu'il avoit à dire, allant au Parlement, qui se tenoit aux Augustins : « Messieurs, il a plu à Dieu appeler à lui notre bon Roi, monseigneur et père. Je suis demeuré votre Roi comme son fils, par les lois du royaume. J'espère que Dieu me fera la grâce d'imiter ses vertus et suivre les bons conseils de mes bons serviteurs, ainsi que vous dira M. le Chancelier. »

17 *octobre*. A Reims. Jour de son sacre. Éveillé à cinq heures, levé, mené et couché en son cabinet, dans son lit de parade, où MM. les pairs le sont venus trouver pour le mener à Notre-Dame, pour le sacrer. Il entre en l'église à neuf heures et demie, est reçu par l'illustrissime François, cardinal de Joyeuse... Les pairs le baisent par deux diverses fois; il donne un

---

[1] A dater de ce moment, cette mention est très fréquente.

petit soufflet à M. d'Elbeuf, gaiement et essuie sa
joue. Il va à l'offrande, communie; en marchant,
il tâchoit d'attraper la queue du manteau de M. de
la Châtre, qui marchoit devant lui, faisant l'office
de connétable. Il supporta fort vertueusement toute
la fatigue de cette cérémonie qui se termina à deux
heures et un quart. A deux heures et demie, dîné.
Il va en sa chambre, se fait mettre au lit, se fait
apporter sa table percée et s'amuse à dresser des
bataillons avec des soldats de plomb, puis à faire
des engins de cartes.

Louis XIV eut pour première gouvernante
la marquise douairière de Lansac [1], qui bientôt déplut à la reine et fut remplacée par madame de Senecé [2], rappelée d'exil en 1643.
Au reste, le petit prince, doux et docile, fut
facile à élever. « Jamais enfance n'a esté si
sage, si l'on peut dire que ce prince ait esté
enfant, ce monarque n'en ayant jamais eu que
le nom : raisonnable avant l'âge où la raison
vient, judicieux avant le temps où les hommes
le sont ordinairement [3]. »

C'est un panégyriste qui s'exprime ainsi,

---

[1] Godefroy, t. II, p. 214. — Françoise de Souvré, veuve
d'Artus de Saint-Gelais de Lansac.

[2] Mme de Motteville, *Mémoires*, édit. Petitot, 2ᵉ série,
t. XXXVII, p. 27.

[3] De Vizé, *Mémoires pour servir à l'histoire de Louis
le Grand*, t. I, p. 7.

et l'on s'en aperçoit. Ce dont il n'est pas per-
mis de douter, c'est que les bons instincts
triomphèrent chez Louis XIV de la négli-
gence de ses précepteurs. « Sa première éducation, dit Saint-Simon, fut tellement abandonnée que personne n'osoit approcher de
son appartement. On lui a souvent ouï parler de ces temps avec amertume, jusque là
qu'il racontoit qu'on le trouva un soir tombé
dans le bassin du jardin du Palais-Royal à
Paris, où la Cour demeuroit alors [1]. » Madame de Maintenon avait, en effet, reçu de
lui bien des confidences de ce genre. « Le
Roi, écrivait-elle, me surprend toujours quand
il me parle de son éducation. Ses gouvernantes jouoient tout le jour et le laissoient
entre les mains de leurs femmes de chambre,
sans se mettre en peine du jeune roi, car vous
savez qu'il a régné à trois ans et demi. Il
mangeoit tout ce qu'il attrapoit, sans qu'on
fit attention à ce qui pouvoit être contraire
à sa santé. C'est ce qui l'a accoutumé à tant
de dureté pour lui-même. Si on fricassoit une
omelette, il en attrapoit toujours quelque
pièce, que Monsieur et lui alloient man-

[1] Tome XII, p. 13.

ger dans quelque coin. Sa compagnie ordinaire étoit une petite fille de la femme de
chambre des femmes de chambre de la reine ;
il l'appeloit la reine Marie, parce qu'ils
jouoient ensemble à ce qu'on appelle *à la Madame.* Il lui faisoit toujours faire le personnage de reine, lui servoit de page ou de valet
de pied, etc. [1] »

C'est en septembre 1645 qu'il fut mis entre
les mains des hommes. Il n'y gagna guère.
Son gouverneur, M. de Villeroi, « ne lui disoit rien qui pût lui déplaire, ayant une telle
complaisance que le Roi même s'en aperce-
voit quelquefois, et s'en moquoit, particulièrement lorsque Sa Majesté l'appeloit et lui
disoit : « Monsieur le maréchal, » il répondoit :
« Oui, Sire, » avant de savoir ce qu'on lui
vouloit, tant il avoit peur de lui refuser
quelque chose. Et avec tout cela, il m'a dit
plusieurs fois qu'on n'avoit jamais vu un gouverneur devenir favori de son maître, parce
qu'il étoit obligé de le contredire souvent [2]. »
Comme compensation sans doute à ces sottes

---

[1] *Lettres de Mme de Maintenon,* édit. Geffroy. t. II,
p. 318.

[2] Pierre de la Porte (valet de chambre du roi), *Mémoires,* édit. Michaud, p. 47.

flatteries, on laissait l'enfant dans le dénû-
ment le plus complet : « La coutume est que
l'on donne au Roi tous les ans douze paires de
draps et deux robes de chambre, une d'été et
l'autre d'hiver ; néanmoins je lui ai vu servir
six paires de draps trois ans entiers, et une
robe de chambre de velours vert doublée de
petit-gris servir hiver et été pendant le même
temps, en sorte que la dernière année elle ne
lui venoit qu'à la moitié des jambes. Et pour
les draps, ils étoient si usés que je l'ai trouvé
plusieurs fois les jambes passées à travers, à
cru sur le matelas. Et toutes les autres choses
alloient de la même sorte, pendant que les
partisans[1] étoient dans la plus grande opu-
lence et dans une abondance étonnante[2]. »

Quels furent les coupables en tout ceci ? La
mère d'abord, puis le cardinal Mazarin. Qu'il
ait été l'amant de la reine, cela n'est plus
douteux[3]. La princesse Palatine affirme même

[1] Les financiers.
[2] Pierre de la Porte, p. 46.
[3] Voyez : A. Chéruel, *Lettres du cardinal Mazarin*, t. I,
p. XVI. — Ravenel, *Lettres du cardinal Mazarin à la
reine*, p. VIII et IX. — De la Porte, *Mémoires*, p. 46. —
Walckenaer, *Mémoires sur madame de Sévigné*, t. III,
p. 477. — De Laborde, *Le palais Mazarin*, p. 155 et suiv.
— Victor Cousin, *Madame de Hautefort*, p. 95, 471 et
suiv.

qu'Anne d'Autriche s'unit à lui par un mariage secret [1]. Sans doute, ce n'est pas là un
témoignage contemporain, mais il n'en a que
plus de poids, car le temps des médisances
était passé, et celui de la vérité pouvait com-
mencer. Les relations du cardinal avec la
reine dataient de 1643, et le mariage secret
paraît, en 1648, une opinion universellement
acceptée. L'on cite même le nom du religieux
qui l'aurait célébré [2]. Il est d'ailleurs établi
aujourd'hui que Mazarin n'était pas prêtre [3].
L'eût-il été, sa situation lui permettait d'obtenir à la Cour de Rome une de ces dispenses
que des nécessités politiques lui imposaient
parfois. On a même voulu expliquer ainsi l'in-

---

[1] « La reine-mère, veuve de Louis XIII, a fait encore pis
que d'aimer le cardinal Mazarin, elle l'a épousé. Il n'était
pas prêtre et n'avait pas les ordres qui pussent l'empêcher
de se marier. » (*Lettre* du 27 septembre 1718, t. II, p. 3.)
« La reine-mère était fort tranquille au sujet du cardinal
Mazarin : il n'était pas prêtre, il pouvait donc bien se marier. On en connaît maintenant toutes les circonstances. Le
chemin secret qu'il prenait toutes les nuits pour aller la
trouver est encore au Palais-Royal. » (*Lettre* du 2 juillet
1722, t. II, p. 373.) Ces deux lettres ont été supprimées
dans la traduction Jaeglé.

[2] « Le Père Vincent, supérieur de la mission, » c'est-à-
dire saint Vincent Depaul. Voy. *Requeste civille contre la
conclusion de la paix*, 1649, in-4°, p. 5. — *Le silence au
bout du doigt. Suitte*, s. d., in-4°, p. 8.

[3] Voy. Chéruel, t. I, p. XVI.

violable attachement que, contre sa coutume,
il professa, pour les Barberini, neveux du
pape.

Quoi qu'il en soit, Anne d'Autriche avait
nommé surintendant de l'éducation du Dauphin le cardinal [1], « qui sembloit, dit Brienne,
avoir pris à tâche de laisser son esprit sans cul-

---

[1] « Comme il n'y a rien qui importe plus au repos de la
France au dedans et à sa réputation au dehors que de bien
cultiver et amener à leur perfection les vertus qui commen-
cent à reluire en son jeune Roy : la Reine, ne pouvant
mieux suivre les intentions du Roy défunt qu'en confiant
la personne sacrée de son fils à celui qu'il avoit choisi pour
son parrain [1], a pourvu le cardinal Mazarin (duquel les
hauts mérites n'ont besoin pour toute recommandation que
de jeter les yeux sur la glorieuse posture en laquelle se
trouvent aujourd'hui nos affaires) de la charge de surintendant de la conduite et gouvernement du Roy et de Monsieur, son frère. Et pource que les grandes distractions
pour les importantes affaires de cette couronne ne permettent pas à Son Éminence de rendre toute l'assiduité qui
seroit requise à ce haut emploi, Sa Majesté a aussi pourveu
de la charge de Gouverneur du Roy, sous l'authorité de Son
Éminence, le marquis de Villeroy, non moins recommandable... Desquelles charges Son Éminence et le marquis de
Villeroy prestèrent hier le serment entre les mains de la
Reine. La marquise de Senecey, Gouvernante du Roy,
ayant pris congé de Sa Majesté et remporté le tesmoignage
de Leurs Majestez et de toute la Cour, de s'estre dignement
aquittée de ce bel emploi, est retournée près de la Reine
pour la servir en son ancienne charge de dame d'honneur. »
Gazette de France, n° 25, du 10 mars 1646, p. 168.

[1] Le parrain avait été Urbain VIII, représenté par le cardinal
Mazarin. Voy. *L'enfant*, t. I, p. 270.

ture et d'énerver toutes les dispositions géné-
reuses qu'il avait reçues de la nature [1]. » Ceci
n'est guère contestable.

Il ne faudrait pourtant rien exagérer. Tout
Italien qu'était le cardinal, je ne puis ajouter
foi à l'infamie que lui reproche P. de Laporte,
le valet de chambre du roi [2]. Même en l'acceptant pour vraie, il faut bien reconnaître qu'elle
n'eut, heureusement, aucune influence sur les
mœurs du jeune homme, à qui l'on ne sau-
rait vraiment reprocher de n'avoir pas assez
aimé les femmes. A cet égard, il tint, non de
son père, mais de son aïeul.

Le fils aîné de Louis XIV, le premier Dauphin né en 1661, fut confié d'abord aux soins de
madame de Montausier qui, devenue en 1664
dame d'honneur de la reine, laissa la place à
madame la maréchale de La Mothe [3]. On verra,
dans le chapitre suivant, quels furent les résultats de la sévère éducation qu'il reçut.

Tout autre fut l'éducation donnée à son fils,

---

[1] *Mémoires inédits*, t. I, p. 391.
[2] *Mémoires*, p. 51. — Voy. aussi Bussy-Rabutin, *La
France devenue italienne;* à la suite de l'*Histoire amoureuse
des Gaules*, édit. elzév., t. III, p. 358.
[3] Sur les premières années de ce prince, voy. la *Bibliothèque de l'École des chartes*, 2ᵉ série, t. IV (1847), p. 25
et suiv.

le duc de Bourgogne, et il n'existe peut-être aucun exemple plus frappant de la transformation que des maîtres intelligents peuvent faire subir à une nature essentiellement perverse. Le jeune duc eut pour gouverneur le vertueux duc de Beauvilliers, pour précepteur Fénelon et pour sous-précepteur l'abbé Fleury. Leur élève, écrit Saint-Simon, « naquit terrible, et sa première jeunesse fit trembler. Dur et colère jusqu'aux derniers emportemens et jusque contre les choses inanimées ; impétueux avec fureur, incapable de souffrir la moindre résistance, même des heures et des élémens, sans entrer dans des fougues à faire craindre que tout ne se rompît dans son corps ; opiniâtre à l'excès ; passionné pour toute espèce de volupté, et des femmes, et, ce qui est rare, à la fois avec un autre penchant tout aussi fort. Il n'aimoit pas moins le vin, la bonne chère, la chasse avec fureur, la musique avec une sorte de ravissement, et le jeu encore, où il ne pouvoit supporter d'être vaincu et où le danger avec lui étoit extrême. Enfin, livré à toutes les passions et transporté de tous les plaisirs. Souvent farouche, naturellement porté à la cruauté ; barbare en railleries et à produire les ridicules avec une

justesse qui assommoit. De la hauteur des
cieux, il ne regardoit les hommes que comme
des atomes avec qui il n'avoit aucune ressem-
blance, quels qu'ils fussent; à peine messieurs
ses frères lui paroissoient-ils intermédiaires
entre lui et le genre humain, quoiqu'on eût
toujours affecté de les élever tous trois ensemble dans une égalité parfaite... Il étoit
fougueux jusqu'à vouloir briser ses pendules
lorsqu'elles sonnoient l'heure qui l'appeloit à
ce qu'il ne vouloit pas, et jusqu'à s'emporter
de la plus étrange manière contre la pluie
quand elle s'opposoit à ce qu'il vouloit faire.
La résistance le mettoit en fureur. D'ailleurs
un goût ardent le portoit à tout ce qui est dé-
fendu au corps et à l'esprit. Tout ce qui est
plaisir, il l'aimoit avec une passion violente,
et tout cela avec plus d'orgueil et de hauteur
qu'on n'en peut exprimer[1]. »

L'éducation de ce prince offrit, dès le début,
un contraste presque absolu avec celle qu'avait
reçue son père[2]. D'un côté, il n'y avait eu ni
intimité, ni familiarité entre le maître et le
disciple, l'austère génie de Bossuet ne sachant

[1] *Mémoires,* t. VII, p. 370 et t. IX, p. 209.
[2] Voy. Henri Martin, *Histoire de France,* édit. de 1855,
t. XIII, p. 244 et t. XIV, p. 307.

pas se faire petit avec les petits; l'enseignement avait été donné de haut et à distance,
avec les vieilles rigueurs scolastiques comme
moyen de coercition. De l'autre côté, les deux
existences du précepteur et de l'élève furent
mêlées à n'en plus faire qu'une; l'enfant,
conduit par l'affection et par la raison, fut
habitué à ne vivre, à ne sentir, à ne penser
que d'après son maître. Le résultat fut aussi
différent que les méthodes. Saint-Simon nous
a dit ce qu'était le duc de Bourgogne en nais-
sant, il va nous dire ce qu'en fit Fénelon : « De
cet abîme sortit un prince affable, doux, humain, modéré, patient, modeste, humble et
austère. Tout appliqué à ses devoirs, et
les comprenant immenses, il ne pensa plus
qu'à allier les devoirs de fils et de sujet avec
ceux auxquels il se voyoit destiné. La brièveté
des jours faisoit toute sa douleur. Son goût
pour les sciences abstraites, sa facilité à les
pénétrer lui déroba d'abord un temps qu'il
reconnut bientôt devoir à l'instruction des
choses de son état et à la bienséance d'un rang
destiné à régner, et à tenir en attendant une
Cour [1]. »

___

[1] Tome IX, p. 211. Voy. aussi t. VIII, p. 431.

Madame de Ventadour, fille de la maréchale de La Mothe, servit de gouvernante à Louis XV, qui fut élevé tout autrement que son arrière-grand-père. « On lui laisse faire tout ce qu'il veut, écrivait la princesse Palatine, de peur de le rendre malade. Je suis persuadée que si on le corrigeait, il serait moins emporté, et qu'on lui fait grand tort en le laissant agir selon ses caprices. Mais chacun veut gagner les bonnes grâces du roi, quelque jeune qu'il soit[1]. »

L'éducation première de Louis XVI, qui ne semblait pas destiné au trône[2], fut fort négligée. On lui laissa prendre « des manières peu convenables, » dit le comte de Vaublanc[3]. Le duc de Choiseul s'est montré plus sévère encore. Il avait contracté, écrit-il, des façons grossières, répétait sans cesse et à propos de tout le mot *bacala*, etc., etc. Le ministre disgracié eut même le tort de composer sur ce sujet une comédie d'assez mauvais goût, intitulée *Le royaume d'Arlequinerie*. Louis XVI y figure sous le nom d'Arlequin[4], héritier pré-

---

[1] *Lettre* du 14 janvier 1716, trad. Brunet, t. I, p. 207.
[2] Voy. *L'enfant*, t. I, p. 156.
[3] *Mémoires*, édit. Barrière, p. 63.
[4] Voy. Soulavie, *Mémoires du règne de Louis XVI*, t. I, p. 94.

somptif du roi Arlequin et de la reine Arle-
quine. L'incapable duc de La Vauguyon, gouverneur du prince, est désigné sous le nom de
Guignon. Je donnerai un très court extrait de
cette satire dont quelques scènes ne sont pas
absolument sans valeur.

SCÈNE II

LA REINE

Vous savez, Guignon, combien depuis longtemps je vous aime, et les vœux que j'ai faits pour
que le Roi, mon époux, vous confiât l'éducation
du seul fils qui me reste. Ce cher rejeton des premiers Arlequins du monde devroit être la gloire et
l'amour de cet empire; et cependant, Guignon, je
ne puis me refuser à la crainte que son esprit ne
soit pas aussi développé qu'il le pourroit être.

GUIGNON

Ah! Madame, le Prince est jeune.

LA REINE

Guignon, il a vingt ans.

GUIGNON

C'est le bel âge, Madame, pour acquérir des
connoissances. Jusqu'à présent, je ne lui ai parlé
que de sa naissance et de la mienne. Je lui disois
qu'il seroit le maître de ce royaume, que je serois
son sujet, son ami, son confident, son complaisant,
qu'il n'auroit de serviteurs que moi, les miens et
le petit nombre de ceux que je lui indiquerois.

Je lui ai, de plus, parlé chaque jour du respect

dû aux dieux de cet empire et aux ministres des autels. Il aime les dieux, Mahomet, le muphti et les fakirs : que pouvois-je faire de mieux?

LA REINE

Comme il doit se marier, vous auriez pu aussi lui donner du goût pour les femmes.

GUIGNON

Madame, y pensez-vous?

LA REINE

Mais pourquoi ne l'avoir pas repris d'avoir mauvaise grâce, d'être grossier, et surtout de répéter des mots vides de sens, qui font penser à ceux qui ne le connoissent pas qu'il est imbécile?

GUIGNON

Madame, un prince a toujours bonne grâce. La majesté qui l'environne supplée de reste à ce qui lui manque. J'ai éprouvé par moi-même que la grâce n'étoit pas aussi nécessaire qu'on l'imagine. Si je n'ai pas repris le prince d'avoir le ton grossier et brusque, c'est que j'ai voulu conserver son naturel. Il est vrai qu'il s'est accoutumé à dire un certain terme que je n'entends pas moi-même; mais s'il ne disoit pas ce terme de *bacala*, il ne diroit mot.

SCÈNE V

LE PRINCE ARLEQUIN

Bacala, bacala, bacala, mon cher père, et *bacala,* ma chère mère; je suis venu parce que M. Guignon me l'a dit de votre part. Me voilà, *bacala.*

LA REINE

Mais pourquoi, mon fils, dites-vous toujours ce vilain terme?

LE PRINCE ARLEQUIN

Bacala, je n'en sais rien.

LA REINE

Cependant, il n'est pas naturel de répéter sans cesse un mot qui n'a aucune signification.

LE PRINCE ARLEQUIN

Ah! *bacala*, maman. J'entends dire tous les jours chez vous et chez mon cher papa des phrases entières qui ne signifient rien du tout, et j'ai pensé, *bacala*, qu'il valoit mieux dire un mot qu'une phrase...

SCÈNE VI

LE ROI

Cet enfant est vif et gai beaucoup plus que je ne l'étois dans ma jeunesse; car je me souviens, madame, qu'avant de vous épouser...

UN SUIVANT DU ROI

Sire, une fée entre dans l'appartement.

LE ROI

Vite, mon chapeau et mon sabre de bois.

(*A la Reine*). Je vous disois donc, madame, que dans ma jeunesse...

LA REINE

Vous me répéterez, cher époux, dans un autre temps, pour la millième fois, l'histoire de votre jeunesse. Empressons-nous de recevoir la fée dont nous avons tant de besoin.

LE ROI

Ah! oui, vous avez raison.

ACTE II, SCÈNE VI

LA FÉE *au Roi.*

Les mauvais exemples que Votre Majesté a donnés au prince enchérissent sur son éducation; de
sorte que si le prince reste comme il est, il est à
craindre que son imbécillité, le ridicule et le mépris qui en seront la suite, ne produisent naturellement une décadence dans cet empire, qui enlè-
veroit le trône à la postérité de Votre Majesté[1].

Ceci était écrit par le duc de Choiseul en
1778, pendant son exil à Chanteloup.

La première gouvernante du petit Louis XVII
fut la duchesse de Polignac. Après la prise de
la Bastille, quand la reine dut se séparer de
son amie, elle la remplaça par la marquise de
Tourzel. Les théories de Rousseau sur l'éducation étaient alors en faveur. Louis XVI se
conforma à la mode, et choisit pour le jeune
prince la profession de jardinier. Il mit à sa
disposition, sur la terrasse de Versailles, un
petit terrain, avec tous les ustensiles néces-

---

[1] *Le royaume d'Arlequinerie, comédie dans le genre hé-
roïque.* Dans *Mémoires de M. le duc de Choiseul, écrits
par lui-même, et imprimés sous ses yeux dans son cabinet,
à Chanteloup en 1778. Paris, 1790, in-8°, t. II, p. 165.*

saires ; d'excellents horticulteurs furent chargés de diriger l'enfant, et il profita si bien de
leurs leçons, qu'au bout de quelques mois il
put offrir chaque matin à la reine des fleurs
obtenues par lui [1].

II

L'ENFANT ENTRE LES MAINS DES HOMMES

L'enfant sort des mains des femmes. — Le jeune gentilhomme devient page, écuyer, chevalier. — L'enseignement prend, aux siècles suivants, plus de place dans son
  éducation. — Précepteurs et gouverneurs. Petits collets.
  — Enfants faits officiers. — Maison d'un riche gentilhomme de quinze ans. — L'éducation des filles. Le couvent. Les religieuses malgré elles. — Les fils de roi. Cérémonial qui accompagne leur passage entre les mains des
  hommes. — Les fils du duc de Chartres élevés par la
  comtesse de Genlis. — Maison constituée au Dauphin
  pourvu d'un gouverneur.

Entre sept et neuf ans, l'enfant sortait des
mains des femmes ; la gouvernante était remplacée par un gouverneur.

Jadis, on faisait volontiers l'économie d'un
précepteur. Le jeune noble entrait comme
page dans une grande maison, servait le
châtelain et la châtelaine, les accompagnait à

---

[1] R. de Chantelauze, *Louis XVII, son enfance, sa prison,*
p. 22. — Voy. aussi A. de Beauchesne, *Louis XVII, sa
vie,* etc., t. I, p. 24.

la chasse, lançait et rappelait le faucon, maniait l'épée et la lance, s'habituait au poids de l'armure, s'endurcissait aux plus rudes exercices. « C'est un bel usage de nostre nation, dit Montaigne, qu'aux bonnes maisons nos enfans soyent receus, pour y estre nourris et eslevez pages, comme en une escole de noblesse [1]. » A quatorze ans, le damoiseau pouvait être armé chevalier. Mais, le plus souvent, il ne sollicitait cet honneur que vers la vingtième année, qu'après avoir rempli les fonctions d'écuyer et avoir pris part à quelque expédition militaire.

Charles VII, né en 1403, quitte les femmes en 1411 ; sa mère lui achète à la foire du Landit un petit cheval, « un roncin bay [2]. » Le comte de Charolais, fils du duc de Bourgogne, « n'avoit que seize ou dix-sept ans d'âge » quand il jouta pour la première fois dans un tournoi ; il rompit plusieurs lances avec de vaillants seigneurs [3]. La bonne Louise de Savoie écrit dans son *Journal*, à la date du

---

[1] *Essais*, liv. III, chap. v.
[2] *Extraits des comptes royaux*, publiés par Vallet de Viriville, t. III, p. 269.
[3] Olivier de Lamarche, *Mémoires*, édit. Michaud, année 1451, p. 447.

3 août 1508 : « Mon fils[1] partit d'Amboise pour estre homme de Cour et me laissa toute seule[2]. »

Par la suite, l'enseignement tint un peu plus de place dans l'éducation du jeune gentilhomme. Vers huit ans, il entrait au collège sous la direction d'un gouverneur qui logeait avec lui et ne le quittait pas. Le programme ordinaire de ses études s'augmentait de l'équitation, de la danse et de l'escrime. Si sa famille le destinait à l'état militaire, il ne consacrait que quatre ou cinq années aux lettres et aux sciences. Dès qu'il avait atteint treize ou quatorze ans, il abandonnait le collège pour l'académie[3], où l'on ne songeait plus qu'à le perfectionner dans les exercices du corps. Les études étaient plus complètes sinon beaucoup plus longues pour les fils de magistrats ou de bourgeois, pour les jeunes gens destinés à l'Église. Souvent élevés dans la maison paternelle, leur précepteur les conduisait aux cours de l'Université.

En général, les précepteurs portaient le petit collet et prenaient le titre d'abbé, sans

---

[1] Le futur roi François Ier, né en septembre 1494.
[2] Édit. Michaud, p. 87.
[3] Voy. *Écoles et collèges*, p. 310.

être engagés dans les ordres. Beaucoup d'entre eux se préoccupaient surtout de plaire à leurs élèves, afin de conserver auprès d'eux leur place lucrative [1]. D'autres, comme celui qui éleva le fils du marquis de Lescure, étaient les compagnons de débauche du père [2]. A quinze ans, souvent même plus tôt, précepteur et gouverneur étaient congédiés, le jeune homme devenait page dans une famille amie de la sienne ou achetait une lieutenance dans un régiment [3].

A quinze ans, le comte de Brienne obtient la survivance de la charge de son père [4]. Le 6 septembre 1651, il prête serment en cette qualité ; le lendemain, au lit de justice qui déclare Louis XIV majeur, Brienne prend place au Parlement, en habit brodé d'or et l'épée au côté, sur le banc des secrétaires d'État [5].

A cinq ans, le fils du duc de Crillon est mis à la tête d'une compagnie. Le duc de Luynes, qui nous l'apprend [6], ajoute : « Cette grâce a

---

[1] Voy. les *Mémoires* de Cheverny, t. I, p. 14 et 20.

[2] Marquise de Larochejaquelein, *Mémoires*, édit. de 1817, p. 12.

[3] Voy. Lanoue, *Discours*, édit. de 1587, p. 119.

[4] Il était secrétaire d'État.

[5] L. de Brienne, *Mémoires*, t. I, p. 245.

[6] *Mémoires*, 14 mars 1748, t. VIII, p. 472.

paru moins extraordinaire, parce que le
colonel, qui est M. de Fronsac, n'avoit que
sept ans quand il a eu le régiment. »

Moins privilégié que le jeune Crillon, le
fils du duc de Chaulnes dut aussi attendre
jusqu'à sept ans. Il vint remercier le roi « avec
le grand uniforme des chevau-légers et des
bottes [1]. »

L'oncle de Mirabeau était aspirant de
marine[2] à douze ans[3].

A douze ans aussi, Lauzun entrait dans les
gardes-françaises, et à quatorze ans[4] il était
fait enseigne[5].

A l'âge de quatorze ans, écrit M. le comte
d'Haussonville[6], « mon père reçut pour ses
étrennes un brevet de lieutenant dans le régiment d'Armagnac, et à quinze ans un brevet
de capitaine de cavalerie. »

Le comte Dufort de Cheverny[7], qui appartenait à une riche famille de robe, fut mis au

[1] Duc de Luynes, *Mémoires*, 10 décembre 1748, t. IX,
p. 146.
[2] On disait alors garde de l'étendard.
[3] Loménie, *Les Mirabeau*, t. I, p. 158.
[4] En 1761.
[5] G. Maugras, *Le duc de Lauzun*, p. 65.
[6] *Ma jeunesse*, p. 27.
[7] Né en 1731, mort en 1802.

collège d'Harcourt dès l'âge de sept ans et il y resta jusqu'à quinze ans. Devenu alors orphelin, son tuteur lui accorda :

1,000 livres pour son logement.

1,000 écus de pension.

1,000 écus de pension, pour un gouverneur qui devait rester avec l'enfant, mais qui ne le gêna guère.

1,200 livres d'appointements pour ledit gouverneur.

2,000 écus comme argent de poche.

Un carrosse et deux chevaux.

On lui donnait encore :

Un maître de danse.

— d'écriture, car il écrivait comme un chat.

— de violon.

— de guitare.

— de vielle, instrument alors fort à la mode [1].

L'éducation des filles ne variait guère. Mises au couvent dès l'âge, souvent même avant l'âge, où les jeunes gens étaient pourvus d'un gouverneur, on leur y apprenait à se parer avec élégance, à danser avec grâce, à

[1] Comte Dufort de Cheverny, *Mémoires*, t. I, p. 14 et suiv.

chanter, à jouer de divers instruments[1]. Les
bruits du monde pénétraient dans ces pieuses
retraites, l'écho des intrigues et des scan-
dales de la Cour y troublait bien des cœurs
condamnés au silence et à la soumission.
Après une douzaine d'années passées ainsi,
les filles riches se résignaient à un mariage de
convenance, les pauvres faisaient profession
religieuse. Tel était l'empire de la coutume
que l'on ne prévoyait aucune résistance. Il
s'en produisait pourtant de loin en loin,
témoin la scène que nous a conservée Fléchier
dans ses *Grands jours d'Auvergne*[2]. Parlant
des jeunes filles forcées de se vouer à l'Église,
il s'écrie : « On les contraint pour des intérêts
domestiques, on leur ôte par des menaces la
liberté de refuser, et les mères les sacrifient
avec tant d'autorité qu'elles sont contraintes
de souffrir le coup sans se plaindre. » Il
raconte ensuite une aventure · arrivée à
M. Chéron, grand vicaire de Bourges. Désigné
pour recevoir les vœux d'une jeune personne,
il lui demanda, selon l'usage, ce qu'elle sou-
haitait : « Je souhaite les clefs du monastère,
pour en sortir, » répondit-elle. Grand scan-

---

[1] Mme de Genlis, *Mémoires*, édit. Barrière, p. 344.
[2] Édit. de 1862, p. 60.

dale. Elle expliqua qu'ayant protesté en vain dans sa famille, elle s'était résolue à le faire devant témoins, pour tâcher de devenir libre.

De même que les simples mortels, les fils de roi passaient, à sept ans, entre les mains des hommes ; mais, pour eux, l'étiquette ne perdait jamais ses droits. Les médecins de la Cour s'assemblaient ; ils faisaient comparaître l'enfant, et le soumettaient à un examen, dont les résultats étaient consignés dans un procès-verbal que l'auguste aréopage allait remettre au souverain [1]. Louis XV était né le 15 février 1710. Le 15 février 1717, le Régent se rendit aux Tuileries vers neuf heures du matin, afin de procéder à la cérémonie. Le récit qu'en publia le *Mercure de France* est assez curieux pour que je le reproduise presque en entier. Que ces temps paraissent loin de nous, et que de réflexions suggèrent ces hommages rendus à un bambin à qui l'on avait, l'avant-veille, enlevé ses lisières [2] !

Madame la duchesse de Vantadour [3] ayant, selon l'usage, fait examiner le Roy quelques jours aupa-

---

[1] Voy. d'Hézecques, *Souvenirs d'un page,* p. 22.
[2] Voy. ci-dessus, p. 130.
[3] Gouvernante du roi.

ravant par les médecins et chirurgiens, qui le trouvèrent très bien constitué, le remit entre les mains de monseigneur le duc Régent, et lui dit : « Monseigneur, voilà le dépôt que le feu Roy m'a confié, et que vous m'avés continué ; j'en ai pris tous les soins possibles, et je le rends en parfaite santé. »

Monseigneur le duc Régent lui témoigna que le Roy et tout l'État lui avoient une obligation infinie de l'attention qu'elle avoit apportée à préserver des jours si précieux de tout accident. Il ajouta qu'il inviteroit lui-même le Roy à conserver la mémoire de ces services si importans ; qu'à son égard, il n'oublieroit rien pour lui donner des marques sensibles de sa reconnoissance.

Dans ce moment, S. A. R. présenta au Roy M. le maréchal de Villeroy pour son gouverneur, et M. Fleury, ancien évêque de Fréjus, pour son précepteur. Adressant ensuite la parole à M. le duc du Maine [1] et à M. le maréchal de Villeroy, il leur dit : « Messieurs, ce sacré dépôt vous regarde particulièrement. Nous espérons que vous répondrés parfaitement à l'attente que toute la France a conçue de vous pour l'éducation du Roy ; c'est à vous à présent d'en avoir tout le soin que nous nous promettons de votre zèle et de votre inclination pour S. M. et pour l'État. »

Alors, madame la duchesse de Vantadour dit à

---

[1] Par le testament de Louis XIV, le duc du Maine avait été chargé de veiller « à la sureté, conservation et éducation » du jeune roi. Le testament fut cassé, mais on accorda au duc du Maine la surintendance de l'éducation du roi, poste purement honorifique.

S. A. R. : « Monseigneur, voilà mon ministère
fini, vous me permetrés de baiser la main du Roy
et de me retirer. » Dans l'instant elle prit la main
du Roy et la baisa ; mais ce fut avec tant de tendresse qu'il ne lui fut pas possible de retenir ses
larmes. Le Roy attendri, l'embrassa étroitement,
et mit son chapeau devant ses yeux, pour cacher
ses pleurs.

Madame la duchesse de Vantadour s'étant retirée,
le Roy en parut si touché, qu'il ne cessa de pleurer.
On lui fit entendre la messe dans son oratoire ;
mais tournant la tête, et ne voyant plus madame
de Vantadour, les larmes recommencèrent. Après
la messe, on tâcha de le consoler dans la petite
chambre du billard, pendant qu'on démeubloit son
appartement, dont les meubles appartenoient pour
lors de droit à madame de Vantadour[1]. Le Roy
demeura inconsolable jusques à trois heures et demie ; on lui donna de temps en temps à boire pour
le rafraîchir. Il renvoya chercher madame de Vantadour, qui de son côté n'avoit cessé de pleurer.
Elle revint néanmoins, avec un visage serain, pour
faire reproche au Roy de ce qu'à l'âge de huit ans,
il manquoit de résolution ; qu'il devoit au contraire
être très content de se trouver sous la conduite des
hommes. Il repartit sur le champ à madame de
Vantadour : « C'est parce que j'ai de la raison, ma
chère mère, que j'ai regret de me voir séparé de
vous. » Elle lui dit : « Mais, Sire, vous n'avez pas
mangé. » Il lui répliqua : « Non. A présent que

---

[1] Voy. ci-dessous, p. 172.

vous êtes auprès de moi, que l'on m'en apporte ! »
Il dîna assés bien.

Pendant qu'elle étoit auprès de S. M., M. le
marquis de la Vrillière apporta un présent de diamans de cent cinquante-quatre mille livres, qu'il
mit sur la table du Roy pièce à pièce. C'étoient des
bracelets, avec les portraits de monseigneur le
Dauphin et madame la Dauphine, père et mère du
Roy; un collier de perles, avec une croix de dia-
mant magnifique; la bague du feu dernier monseigneur Dauphin [1] et quantité d'autres pierreries
entre lesquelles il y a une pierre en table de grand
prix. Le Roy demanda : « Est-ce tout? On lui répondit : oui, Sire : C'est bien peu, ma bonne en mérite davantage, par les soins qu'elle a pris de moi. »
Madame la duchesse de Vantadour y resta jusques
à neuf heures. Le Roy se coucha assez tranquille-
ment, lui ayant fait promettre qu'elle reviendroit
le lendemain.

. . . .

Le 16, le Roy à son réveil, fut averti par M. le
mareschal de Villeroy d'appeller M. le duc de Mortemart, premier gentilhomme de la chambre d'année; le Roy l'appella trois fois. On le fit entrer,
et s'étant présenté au lit du Roy, S. M. lui dit :
« Je veux me lever. » Ce seigneur lui présenta sa
robe de chambre et ses mulles, et lui dit : « V. M.
ne souhaite-t-elle pas passer dans son cabinet pour
s'habiller? » Aussi tost on fit entrer les seigneurs qui

---

[1] Louis, duc de Bretagne, frère aîné de Louis XV, mort
le 8 mars 1712.

ont des brevets d'entrée, comme sous le feu Roy.
S. M. parut fort étonnée de voir tant d'hommes
autour de lui. M. le duc de Mortemart fit appeller la
chambre et la garde-robe. Alors un grand nombre
d'officiers se présenta pour faire leur devoir ; le Roy
fut encore plus surpris d'en voir le nombre augmenter. Il demanda cependant sa chère madame la
duchesse de Vantadour, qui vint quelque tems après
en habit de voyageuse. Elle y resta une heure : «Mon
prince, lui dit-elle, je suis obligée de vous quitter
et d'aller à Saint-Cyr voir madame de Maintenon. »
Le Roy en fut allarmé, et s'estant jetté à son col
tendrement, il donna de nouveau, en cette occasion, des preuves sensibles de son bon cœur. M. le
mareschal de Villeroy, ravi de contribuer à l'éducation d'un prince si reconnoissant, ne put qu'ad-
mirer un si excellent naturel.

Le Roy soupa sur les dix heures, et reposa tran-
quillement jusqu'à dix heures du matin, qu'il se
leva avec toutes les cérémonies ordinaires du service des hommes.

. . . .

Le 20, le Roy après ses exercices a dîné à son
grand couvert. M. le comte de Livry, survivancier
dans la charge de premier maistre d'hôtel, a porté
le bâton ; M. le mareschal étoit auprès du Roy
pour le faire manger. M. le duc de Noailles, comme
capitaine des gardes, occupoit le derrière du fauteuil, avec M. le duc de Mortemart comme premier gentilhomme de la chambre. La nef étoit
posée sur la table auprès de M. l'abbé Maulevrier,
aumônier, qui la découvrit pour présenter des ser-

viettes quand le Roy souhaitoit d'en changer[1]. Aux
deux côtés de la table, estoient les deux gardes de
la manche[2] avec leurs pertuisannes; le long de la
salle six gardes du Roy estoient rangez de chaque
côté, la carabine sur l'épaule et le chapeau sous le
bras. Les brigadiers des gardes tenoient la
porte, un huissier de salle alloit et venoit pour
le service, et les gentilshommes servans faisoient
leurs fonctions ordinaires: Le Roy parut fort
attentif à ce nouveau cérémonial, et témoigna
qu'il lui faisoit plaisir[3].

Le surlendemain, l'on porta chez madame
de Ventadour la vaisselle de vermeil qui avait
appartenu au Dauphin, à son frère ainé et à
sa sœur morts avant lui. La gouvernante ces-
sant ses fonctions conservait en effet tous les
objets dont s'était servi son élève[4].

[1] Sur tout ceci, voy. les *Variétés gastronomiques.*
[2] Voy. ci-dessus, p. 127.
[3] *Mercure de France,* n° de février 1717, p. 157 et suiv.
Voy. aussi Dubois de Saint-Gelais, *Histoire journalière de
Paris,* p. 67. — Dangeau, *Journal,* 15 février 1717, t. XVII,
p. 23. — Duclos, *Mémoires secrets,* édit. Michaud, p. 526.
[4] *Mercure* de février 1717, p. 163. — Le petit Louis XIII
avait protesté contre cette coutume. Quelques jours avant
d'être enlevé à madame de Montglat, sa gouvernante, il l'in-
jurie, l'appelle *vilaine, chienne.* « M. Guérin [apothicaire du
Dauphin] lui dit : « Monsieur, ne savez-vous pas que papa
vous a dit que vous ne seriez plus longtemps avec elle; il
ne la faut pas fâcher. — Ho! dit-il, c'est qu'elle veut
retenir toute ma vaisselle d'argent. » Héroard, 14 décembre 1608, t. I, p. 373.

Je rappelle qu'en 1782, le duc de Chartres nomma gouverneur de ses fils la comtesse de Genlis. C'était là une nouveauté qui fit grand bruit. « On n'avoit point vu encore en France, je ne dis pas un prince, mais un simple particulier confier ses enfants à l'enseignement moral et scientifique d'une femme [1]. » Les *Mémoires secrets* disent de leur côté : « M. le chevalier de Bonnard, qui étoit sous-gouverneur, révolté par cette innovation sans exemple, a donné sa démission [2]. »

Au moment où un jeune prince passait entre les mains des hommes, on lui constituait une Maison toute différente de celle qui avait été formée lors de sa naissance. Ainsi, en 1671, la Maison du premier Dauphin fils de Louis XIV, alors âgé de dix ans [3], était ainsi composée :

Un gouverneur [4].
Un sous-gouverneur [5].
Un précepteur [6].
Un sous-précepteur [7].

[1] *Vie publique et privée des Français*, t. II, p. 22.
[2] Au 15 janvier 1782.
[3] Il était né le 1er novembre 1661.
[4] Le duc de Montausier.
[5] M. Milet.
[6] Bossuet.
[7] Huet, évêque d'Avranches.

Deux gentilshommes de la manche [1].

Un premier valet de chambre.

Un argentier.

Un porte-arquebuse.

Deux garçons de la chambre.

Un maître écrivain [2].

Un maître à danser.

Deux garçons de la garde-robe.

Une blanchisseuse.

Un empeseur.

Un portefaix.

Trois enfans d'honneur.

Un gouverneur des enfans d'honneur.

Deux pages.

Un gouverneur des pages.

Un garçon des pages.

Un sous-garçon des pages.

Un chapelain.

Un clerc de la chapelle.

Un maistre d'hôtel.

Un contrôleur.

Deux gentilshommes servans.

Un commis du contrôleur.

Deux chefs du gobelet.

Un aide de paneterie et d'échansonnerie.

Un écuyer-bouche [3].

Un maître queux ou hâteur-bouche.

Un potager-bouche.

---

[1] J'ai dit plus haut que l'institution des menins datait seulement de 1680.

[2] M. Gilbert.

[3] La *bouche* désignait exclusivement le service du maître.

Un porteur-bouche.

Un huissier de salle.

Un officier du serdeau[1].

Un chef de fourrière[2].

Un lavandier[3], pour le linge des tables et des offices.

Deux huissiers de la chambre.

Trois valets de chambre.

Un porte-manteau.

Un barbier.

Un tapissier.

Un premier valet de garde-robe.

.. Deux valets de garde-robe.

Un premier médecin.

Un chirurgien ordinaire.

Un apothicaire.

Un aide apothicaire.

Un écuyer.

Deux valets de pied.

Un lieutenant des gardes du corps.

Un exempt   —   —

Un brigadier   —   —

Un sous-brigadier —   —

Vingt gardes du corps, français.

Six gardes suisses.

Quatre gardes de la porte.

Un exempt de la prévôté.

Quatre gardes.

Un concierge.

[1] Voy. *La cuisine*, p. 180.
[2] *Ibid.*, p. 192.
[3] Un blanchisseur.

Les personnes qui avaient appartenu à la première Maison du prince touchaient une pension qui leur était servie jusqu'à leur mort. C'étaient en 1671 :

La gouvernante, 3,600 livres.

La sous-gouvernante, 1,200 liv.

La nourrice, 1,200 liv.

Une nourrice qui avoit allaité l'enfant pendant les neuf premiers mois, 1,200 liv.

La première femme de chambre, 360 liv.

La remueuse, 360 liv.

Les trois femmes de chambre, chacune 200 liv.

La gouvernante de la nourrice, 150 liv.

La gouvernante des nourrices de retenue, 150 liv.

La femme de cuisine, 60 liv.[1]

Je terminerai ce chapitre par une phrase que d'Argenson[2] écrit à propos des fils de roi, mais qui pourrait avoir une plus large application : « Comme ils ont passé des femmes aux hommes dès la première enfance, ils retournent aux femmes dès leur entrée dans le monde. »

[1] *État de la France pour* 1672, p. 394.
[2] *Mémoires,* édit. elzév., t. II, p. 334.

CHAPITRE IV

LA VIE DE FAMILLE

Nous gâtons trop nos enfants. — Gentilshommes et jeunes pages. — Le petit Jehan de Saintré. — L'autorité paternelle au quinzième siècle. — L'enfance de Bayart. — La mère de saint Louis et celle de Philippe III. — L'enfant dans la bourgeoisie. — Les *Civilités*. — Les corrections. — Dureté des parents : Marguerite de Valois. D'Aubigné. — Montaigne. — Henri IV exige que l'on fouette son fils. — L'enfance de Louis XIII. Il est sans cesse fouetté. — Les fessées continuent après qu'il a été proclamé roi, puis sacré à Reims. — Il sert à table. — Déplorables procédés d'éducation. — Intimité qui existe entre les enfants légitimes et les enfants naturels de Henri IV. — Ce que fut, au dix-septième siècle, l'éducation des enfants à la Cour. — Cyniques extravagances : Henri IV et Mazarin. — L'éducation de Gaston d'Orléans. — Celles de Louis XIV et du Dauphin.

L'autorité paternelle s'affaiblit. — *Le roman bourgeois*. — Dans la bourgeoisie, l'indulgence, puis la familiarité succèdent à la sévérité. — Dans les grandes maisons, la famille est tout, l'enfant rien : les Larochefoucauld. — Égoïsme et sévérité des pères : le duc de Gramont et le comte de Guiche. Le président Verthamont. Madame de Mailly. — Le prince de Ligne et son fils. — L'enfance du duc de Lauzun. Celles de Talleyrand, de Chateaubriand, du comte d'Haussonville. — Faiblesse de Louis XV pour ses filles. — Les sobriquets et les petits noms. — Amoindrissement de l'autorité paternelle sous Louis XVI. — A la dureté succède une déplorable indulgence.

.Nous sommes trop indulgents pour nos

enfants, et nous les élevons mal. La modicité des fortunes actuelles, l'exiguïté des appartements, surtout l'égoïsme, le plaisir de gâter un petit être qui nous doit la vie, nous font trop oublier que l'éducation d'un enfant est chose sérieuse, et que nous en devrons compte, à lui d'abord, à la société ensuite. On a dit que ces habitudes de coupable faiblesse dataient de l'émancipation de la femme, du jour où son influence au sein de la famille a grandi. C'est une erreur et une injustice, car les pères sur ce point se montrent bien souvent moins raisonnables encore que les mères.

Le moyen âge, tout au contraire, soumettait les enfants à une discipline un peu dure, mais en somme il les élevait bien. Il exigeait d'eux une soumission qui leur enseignait le respect de l'autorité et les préparait à l'exercer ; il leur apprenait à compter de bonne heure sur eux-mêmes, et les mettait ainsi en état de supporter vaillamment les épreuves de la vie.

Les jeunes gentilshommes placés comme pages dans les grandes maisons, aussi bien que les petits bourgeois restés dans leur famille, y étaient astreints à des occupations qui constituaient pour eux une sorte de domesticité. Au logis, le page servait à table ; au dehors, il suivait le seigneur ou la châtelaine, prêt à porter leurs messages, à exécuter tous leurs ordres. Quand le petit Jehan de Saintré était page du roi Jean, il « servoit ung chascun à table très diligemment [1]. » Les romans de chevalerie abondent en phrases de ce genre. Mais si l'on veut avoir une idée exacte de ce qu'étaient la vie de famille et l'autorité paternelle vers la fin du quinzième siècle, il faut relire le charmant récit de l'enfance de Bayart, tel que l'a écrit un de ses plus fidèles compagnons d'armes [2].

Aymon Terrail, seigneur de Bayart, devenu vieux et sentant que la mort ne pouvait tarder à le prendre, fit appeler ses quatre fils. En présence de leur mère « dame très dévote et toute à Dieu, » il demanda à chacun d'eux quelle carrière il voulait embrasser.

[1] Antoine de la Salle, *Histoire du petit Jehan de Saintré* (composée vers 1460), chap. I.

[2] *La très joyeuse, plaisante et récréative histoire, composée par le Loyal Serviteur, des faiz, gestes, triumphes et prouesses du bon chevalier sans paour et sans reprouche, le gentil seigneur de Bayart, dont humaines louenges sont espandues par toute la chrestienté...* Publiée pour la première fois à Paris en 1527. On croit que *le loyal serviteur* était un chevalier nommé Jacques de Mailles.

Georges, l'aîné, déclara qu'il n'avait d'autre désir que de rester auprès de ses parents et les servir jusqu'à la fin de leurs jours.

Pierre, le second, avait été, dès l'âge de six ans, confié à son oncle Laurent, évêque de Grenoble. Revenu, peu d'années après, au manoir familial, il s'y était perfectionné dans tous les exercices du corps sous la direction de son vieux père. Questionné à son tour, il répondit :

« Monseigneur mon père, combien que amour paternelle me tiengne si grandement obligé que je deusse oublier toutes choses pour vous servir sur la fin de vostre vie, ce néanmoins, ayant enraciné dedans mon cueur les bons propos que chascun jour vous récitez des nobles hommes du temps passé, mesmement de ceux de nostre maison, je seray, s'il vous plaist, de l'estat dont vous et voz prédécesseurs ont esté, qui est de suyvre les armes, car c'est la chose en ce monde dont j'ay le plus grant désir, et j'espère, aydant la grâce de Dieu, ne vous point faire de déshonneur. » Alors, respondit le bon vieillard en larmoyant : « Mon enfant, Dieu t'en doint la grâce ! Jà ressembles-tu de visage et corsage à ton grant père, qui fut en son temps ung des accomplis chevaliers qui fust en la chrestienté. Si mettray peine de te bailler le train pour parvenir à ton désir. »

Les deux autres fils protestèrent que leur

goût les portait vers l'état ecclésiastique.

Après le propos tenu par le père à ses quatre enfans, et parce qu'il ne pouvoit plus chevaucher, envoya ung de ses serviteurs le lendemain à Grenoble, devers l'évesque, son beau-frère, à ce que son plaisir feust, pour aucunes choses qu'il avoit à luy dire, se vouloir transporter jusques à sa maison de Bayart, distant dudit Grenoble cinq ou six lieues. A quoy le bon évesque, qui oncques en sa vie ne fut las de faire plaisir à ung chascun, obtempéra de très bon cueur. Si partit, incontinent la lettre receue, et s'en vint au giste en la maison de Bayart, où il trouva son beau-frère en une chaire auprès du reu, comme gens de son aage font voulentiers. Si se saluèrent l'ung l'autre, et firent le soir la meilleure chère qu'ils purent ensemble, et en leur compaignie plusieurs autres gentilzhommes du Daulphiné, qui estoient là assemblez.

Puis, quant il fut heure, chascun se retira en sa chambre, où ils reposèrent à leur aise jusques à lendemain matin, qu'ilz se levèrent, ouyrent la messe que ledit évesque de Grenoble chanta; car voulentiers disoit tous les jours messe, s'il n'estoit mal[1] de sa personne. Et pleust à nostre Seigneur que les prélatz de présent fussent aussi bons serviteurs de Dieu et aussi charitables aux povres qu'il a esté en son temps!

La messe dite, on se lava les mains, puis

_____
[1] Malade.

l'on se mit à table ; « et y servoit le jeune
chevalier tant sagement et honnestement que
tout homme en disoit bien. »

Sur la fin du repas, et après grâces dictes, le bon
vieillard seigneur de Bayart commencea ainsi ces
parolles à toute la compaignie :

« Monseigneur et messeigneurs, l'occasion pourquoy vous ay mandez est temps d'estre déclairée,
car tous estes mes parens et amys; et jà voyez-vous
que je suis par vieillesse si oppressé qu'il est quasi
impossible que sceusse vivre deux ans. Dieu m'a
donné quatre filz, desquelz de chascun ay bien
voulu enquérir quel train ilz veulent tenir. Et
entre autres m'a dit mon filz Pierre qu'il veult
suyvre les armes, dont il m'a fait ung singulier
plaisir, car il ressemble entièrement de toutes façons à mon feu seigneur de père, vostre parent;
et si de condition il luy veult aussi bien ressembler,
il est impossible qu'il ne soit en son vivant ung
grant homme de bien : dont je crois que ung chascun de vous, comme mes bons parens et amys, seriez bien aises.

« Il m'est besoing, pour son commencement, le
mettre en la maison de quelque prince ou seigneur
afin qu'il appreigne à se contenir honnestement,
et quand il sera ung peu plus grand, apprendra le
train des armes. Si vous prie, tant que je puis, que
chascun me conseille en son endroit le lieu où je
le pourray mieulx loger. »

Chacun émit alors son avis. L'un proposa

la Cour de France, un autre la maison de
Bourbon. L'évêque, qui parla le dernier,
pensa qu'il valait mieux le faire admettre
comme page chez le duc de Savoie. « Il est à
Chambéry, c'est près d'icy ; si bon vous
semble, je le luy mènerai demain au matin,
après l'avoir très bien mis en ordre et garny
d'un bon petit roussin [1] que j'ay depuis trois
ou quatre jours en ça recouvert [2] du seigneur
d'Uriage. »

Ce fut chose convenue.

Alors tout incontinent envoya ledit évesque à
la ville quérir son tailleur, auquel il manda
apporter veloux, satin et autres choses nécessaires
pour habiller le bon chevalier. Il vint et besogna
toute la nuyt, de sorte que le lendemain matin fut
tout prest. Et après avoir desjeuné monta sur son
roussin, et se présenta à toute la compaignie, qui
estoit en la basse court du chasteau. Quand le cheval sentit si petit fès [3] sur luy, joint aussi que le
jeune enfant avoit ses esperons dont il le picquoit,
commencea faire trois ou quatre saulx, de quoy la
compaignie eut paour qu'il affollast le garson. Mais
en lieu de ce qu'on cuydoit [4] qu'il deust crier à
l'ayde, quant il sentit le cheval si fort remuer

---

[1] Un roncin, un petit cheval.
[2] Recouvré.
[3] Faix, fardeau.
[4] Croyait.

soubz luy, luy donna trois ou quatre coups d'esperon et une carrière dedans ladite basse court, de sorte qu'il mena le cheval à la raison comme s'il eust eu trente ans. Il ne faut pas demander si le bon vieillard fut ayse.

Or sus, dit alors l'évêque de Grenoble, mon gentil neveu, prenez congé de la compagnie et mettons-nous en route.

Lors le jeune enfant, d'une joyeuse contenance s'adressa à son père, auquel il dist : « Monseigneur mon père, je prie à Nostre Seigneur qu'il vous uoint bonne et longue vie, et à moy grâce, avant qu'il vous oste de ce monde, que puissiez avoir bonnes nouvelles de moy. — Mon ami, dist le père, je l'en supplie. » Et puis luy donna sa bénédiction.

Et après, alla prendre congé de tous les gentilz-hommes qui estoient là, l'ung après l'autre, qui avoient à grant plaisir sa bonne contenance.

Sa povre dame de mère estoit en une tour du chasteau, qui tendrement ploroit. Car, combien qu'elle feust joyeuse dont le filz estoit en voye de parvenir, amour de mère l'admonestoit de larmoyer. Toutefois, après qu'on luy fust venu dire : « Madame, si vous voulez venir veoir vostre filz, il est tout à cheval prest à partir, » la bonne gentil femme sortit par le derrière de la tour, et fist venir son filz vers elle, auquel elle dist ces parolles : « Pierre, mon amy, vous allez au service d'ung gentil prince. D'aultant que mère peult com-

mander à son enfant, je vous commande trois choses
tant que je puis, et si vous les faictes, soyez asseuré
que vous vivrez triumphamment en ce monde.

« La première, c'est que, devant toutes choses,
vous aymez, craignez et servez Dieu, sans aucunement l'offenser s'il vous est possible, car c'est cel-
luy qui nous a tous créez, c'est luy qui nous a fait
vivre, c'est celuy qui nous saulvera, et sans luy et
sa grâce ne sçaurions-nous faire une seulle bonne
œuvre en ce monde : tous les matins et tous les
soirs, recommandez-vous à luy, et il vous aydera.

« La seconde, c'est que vous soyez doux et cour-
tois à tous gentilzhommes, en ostant de vous tout
orgueil. Soyez humble et serviable à toutes gens.
Ne soyez maldisant et menteur. Maintenez-
vous sobrement quant au boire et au manger.
Fuyez envye, car c'est ung vilain vice. Ne soyez
flateur ne rapporteur, car telles manières de gens
ne viennent pas voulentiers à grande perfection.
Soyez loyal en faictz et dicts, tenez vostre parolle.
Soyez secourable à povres veufves et aux orphelins
et Dieu vous le guerdonnera.

« La tierce, que des biens que Dieu vous donnera
vous soyez charitable aux povres nécessiteux, car
donner pour l'honneur de luy n'apovrit oncques
homme : telle aulmosne pourrez-vous faire qui
grandement vous prouffitera au corps et à l'âme.

« Velà tout ce que je vous encharge. Je crois bien
que vostre père et moy ne vivrons plus guères.
Dieu nous face la grâce, à tout le moins tant que
serons en vie, que tousjours puissions avoir bon
rapport de vous. »

Alors la bonne dame tira hors de sa manche[1] une petite bourcette, en laquelle avoit seulement six escus en or et ung en monnoye, qu'elle donna à son filz. Et appela ung des serviteurs de l'évesque de Grenoble, son frère, auquel elle bailla une petite malette en laquelle avoit quelque linge pour la nécessité de son enfant.

J'imagine qu'en pareille circonstance une mère du dix-neuvième siècle donnerait à son fils moins de conseils et plus d'argent. Mais revenons.

Sur ces propos, l'évesque de Grenoble appella son nepveu, qui pour se trouver dessus son gentil roussin pensoit estre en ung paradis. Si commencèrent à marcher le chemin droit à Chambéry, où pour lors estoit le duc Charles de Savoye.

Toutes les mères n'étaient pas aussi tendres que celle de Bayart. J'ai parlé ailleurs[2] de la sévérité avec laquelle Blanche de Castille éleva saint Louis. La mère de Philippe III, qui fut surnommé *le Hardi* on ne sait pourquoi, avait si bien formé ce faible cœur à la soumission qu'elle lui avait fait jurer de rester sous sa tutelle jusqu'à l'âge de trente ans, même s'il devenait roi avant cet âge. Il fallut une bulle

---

[1] Les manches alors servaient de poches. voy. *Le vêtement,* p. 139.

[2] Voy. *Écoles et collèges,* p. 146, et *L'enfant,* t. I, p. 92.

spéciale d'Urbain IV pour le relever de cet imprudent engagement[1].

Dans la bourgeoisie, même aisée, l'enfant était astreint à des occupations qui faisaient de lui l'aide de sa mère. Au retour de l'école, il met le couvert. Pendant le repas, il apporte les plats et les enlève, il découpe les viandes, remplit les verres, mouche la chandelle, doit sans cesse chercher à se rendre utile. Sur ce point, les anciennes *Civilités*[2] sont très instructives.

Celle de Jean Sulpice, composée en 1545, s'exprime ainsi : « Dispose les sièges avec beaucoup d'ordre. Mets sur la table les assiettes et les plats. N'oublie ni le sel, ni le pain, ni le vin. Prépare un vaisseau plein d'eau nette, afin que les convives puissent se laver les mains. En desservant, prends bien garde de rien répandre sur les vêtements des convives[3]. Fais de bonne humeur tout ce que l'on te commandera, et si l'on daigne t'admettre à

---

[1] Elle a été retrouvée aux Archives nationales par M. Boutaric et publiée par lui dans la *Revue des questions historiques*, t. III (1867), p. 422.

[2] Sur ces curieux traités, voy. *Les repas*, p. 151 et suiv.

[3] Il y a dans le texte : « Cave vel dapes apponendo, vel auferendo, quicquam liquidum in vestes convivium infundere. »

table, prends la place qui t'aura été désignée[1].

Érasme est plus complet encore. J'emprunte la curieuse traduction que publia en 1613 « Claude Hardy, Parisien, eagé de neuf ans. »

Ceste coutume est en usage en quelques pays que les enfans ne mangent en la grande table, sinon au bas bout, ayant la teste descouverte[2]. Que les enfans n'approchent de la table que si on le leur commande, qu'ils n'y demeurent point jusques à ce que l'on aye entièrement parachevé le repas ; mais ayant suffisamment prins leur réfection, qu'ils lèvent leur assiette, ployent le genouil et facent la révérence.

Que l'enfant, en son repas, ne boive plus de deux ou trois fois au plus.

Il faut apprendre aux jeunes enfans, dès leur jeune eage, la manière de couper et tailler les viandes.

Alors que l'enfant sera assis à table, qu'il ne s'ingère de parler si la nécessité ne le contrainct.

Si tu portes ou lèves quelque plat de la table, prends garde à ne respandre la saulce sur les habits de quelqu'un.

Voulant moucher la chandelle, oste la de dessus auparavant, et après que tu l'auras mouchée, jette la moucheure dans les cendres ou bien marche

---

[1] *Libellus de moribus in mensa servandis.*
[2] Sur l'habitude de rester couvert pendant les repas, voy. *Les soins de toilette*, p. 78 et suiv.

dessus avec le pied, afin que nulle mauvaise odeur n'offense le cerveau des assistans.

Quand l'enfant manque à son devoir, quels moyens emploie-t-on pour le ramener dans le droit chemin? L'université, l'Église, la famille n'en connaissent guère qu'un, qui avec une égale libéralité est appliqué à tous, roturiers, nobles ou princes, petits ou grands, garçons ou filles : les coups. Si Marguerite de Valois parlait le latin avec pureté, c'est que ses précepteurs ne lui avaient pas épargné le fouet[1]; et d'Aubigné, parlant des premiers maîtres qu'il avait eus, les qualifie d'Orbilies[2], en souvenir d'un pédagogue cité par Horace[3], et que sa brutalité avait rendu célèbre[4].

L'enfant a-t-il fait une faute, dit le poète Jean Bouchet dans ses *Épistres morales,* le père

.... Doit verge prendre
Et sagement son corps discipliner,
Pour à vertuz tousjours mieulx l'encliner.
Le sage dit : « Qui pardonne à la verge
Hait son enfant. » Il fault qu'on l'en asperge,

---

[1] Voy. ses *Mémoires,* édit. Michaud, p. 402.
[2] Voy. *Sa vie,* écrite par lui-même, édit. Réaume, t. I, p. 6.
[3] *Epistolæ,* lib. II, epist. I, vers 70.
[4] Voy. *Écoles et collèges,* p. 137 et suiv., 234 et suiv.

Mais que ce soit d'un amour paternel,
Sans se monstrer trop félon ou cruel [1].

D'Aubigné raconte que le jour où son père
le quitta pour aller périr à Amboise, il lui
« recommanda le zèle de la religion, l'amour
des sciences, et d'estre véritable ami ; puis
LE BAISA, HORS SA COUSTUME [2]. »

« Les vrayes images de Dieu sur la terre,
écrit Étienne Pasquier [3], sont les pères et les
mères à l'endroit de leurs enfans. »

Montaigne, qui n'avait « tasté des verges
qu'à deux fois et bien mollement, » se montra
fort tendre avec ses enfants, voulut, à l'en-
contre de la coutume alors reçue, qu'ils l'ap-
pelassent *mon père* [4].

Henri IV, ennemi de l'étiquette, agit de
même. « Il ne vouloit point, écrit Hardouin
de Péréfixe [5], que ses enfans l'appellassent
Monsieur, nom qui semble les rendre étrangers
à leur père, et qui marque la servitude et la

---

[1] Édit. de 1545, fº 25 recto.
[2] Voy. *Sa vie,* p. 10.
[3] *Lettres.* Dans les *OEuvres,* édit. de 1723, t. II, p. 419.
[4] « Nous appelons Dieu tout puissant Père, et desdai-
gnons que nos enfans nous en appellent. J'ay réformé cette
erreur en ma famille. » *Essais,* liv. II, chap. viii.
[5] *Histoire de Henry le Grand,* édit. de 1661, p. 493 ;
édit. de 1662, p. 463.

sujétion, mais qu'ils l'appellassent *papa*, nom
de tendresse et d'amour. » Par exemple,
comme il avait été fort fouetté dans son enfance, et qu'il s'en était bien trouvé, il enten-
dait que son fils fût élevé de même. Le 14 novembre 1607, il adressait la lettre suivante à
madame de Montglat, gouvernante du Dauphin :

Je me plains de vous de ce que vous ne m'avés
pas mandé que vous aviés fouetté mon fils ; car
je veulx et vous commande de le fouetter toutes
les fois qu'il fera l'opiniastre ou quelque chose de
mal : saichant bien, par moy-mesme, qu'il n'y a
rien au monde qui luy face plus de profict que
cela. Ce que je recognois par expérience m'avoir
profité, car, estant de son aage, j'ay esté fort
fouetté, c'est pourquoy je veulx que vous le faciés
et le luy faciés entendre [1].

Henri IV fut consciencieusement obéi. Le
Journal d'Héroard est là pour l'attester :

9 *octobre* 1603. Éveillé à huit heures. Il fait
l'opiniâtre, il est fouetté pour la première fois.

22 *décembre*. Le Roi arrive à midi, il le baise et
accole. Le Roi s'en va, il crie ; colère, fouetté.

22 *février* 1604. Mené en la chambre du Roi ; le
Roi le menace du fouet ; il s'opiniâtre, veut aller
en sa chambre. Mené en celle de la Reine, il con-

---

[1] *Lettres missives de Henri IV*, t. VII, p. 385.

tinue. Le Roi commande qu'il soit fouetté ; il est fouetté par Madame de Montglat.

4 mars. A onze heures, il veut dîner. Le dîner porté, il le fait ôter, puis rapporter. Fâcheux, fouetté bien fort.

Au cours de cette même année 1604, il est encore fouetté le 5 et le 19 mars ; le 27 et le 29 avril ; les 4, 8, 13, 17 et 31 mai ; les 11, 12 et 13 juin, le 28 août, le 5 septembre et le 23 octobre.

Le 3 août 1606, « en se couchant il dit à Mme de Montglat : « Mamanga, me donnez pas le fouet demain matin. » Elle lui répond : « Monsieur, je vous ai promis que vous ne l'aurez point. — Ho ! je sais bien que si ; vous me fairez dire mes quadrains[1], et puis vous direz : Çà, troussons ce cu. »

Le 24 juin 1509, le roi l'avait menacé du fouet. « Mis au lit, il ne veut point dormir que M. de Souvré[2] ne l'aye assuré qu'il ne l'auroit point. »

Né en 1601, il est fouetté le 7 et le 8 janvier 1610[3]. Le 15 mai, il est proclamé roi, il va au Parlement, prononce un discours, rentre au

---

[1] Les *quatrains moraux* de Pibrac.

[2] Son gouverneur.

[3] Voy. Héroard, t. I, p. 420, et les *Lettres de Malherbe à Peiresc*, édit. de 1822, p. 111.

Louvre, y reçoit une députation de la municipalité, etc. Tout cela n'empêche pas que,
quinze jours après, cet auguste souverain « est
fouetté un peu serré.» « J'aimerois mieux,
dit-il, qu'on ne me fist point tant de révé-
rences et tant d'honneur, et qu'on ne me
fist point fouetter [1].» Joli mot, que le Dauphin empruntait à son père. Comme compensation, il est sacré à Reims le 17 octobre, puis
fouetté de nouveau le 10 mars 1611. Le 15,
« il rêve en dormant que M. de Souvré le
fouettoit. » Le 30 juillet, il s'éveille à trois
heures du matin, « en crainte du fouet, pour
s'être, le jour précédent, opiniâtré contre
M. de Souvré sur la réponse qu'il avoit à
faire aux députés de ceux de la Religion
assemblés à Saumur. M. d'Heurles, valet de
chambre, l'assure que M. de Souvré ne s'en
ressouvient point. » Le 3 janvier 1614, la
reine le menace encore du fouet.

Suivant l'usage ancien, il avait été dressé à
servir le roi et la reine. Le 13 avril 1603, il
est mené au dîner du roi, à qui il présente la
serviette. Le 11 août, il assiste au lever de la
reine, baise la chemise et la lui donne. Le

---

[1] Voy. Héroard, t. II, p. 6 et 22, et le *Journal de Les-*
toile, au 29 mai 1610.

lendemain, « il va au dîner de la reine, lui
donne la serviette. » Le 24 mars 1604, « mené
au roi, il le sert à son dîner ; il fait les essais
sur toutes les viandes. » Le 6 décembre, le roi
lui dit : « Je suis le maître et vous êtes mon
valet. »

Ces habitudes de soumission et la louable
sévérité qui les inspirait s'alliaient à de déplorables procédés d'éducation. Afin d'intimider
l'enfant, on appelait tantôt un lavandier [1] qui
menaçait « de le mettre dans son sac ; » tantôt
un maçon qui faisait mine de l'emporter dans
sa hotte ; tantôt un serrurier qui lui montrant
des tenailles et une tringle, lui disait : « Voilà
de quoi j'embroche les opiniâtres. » Une autre
fois, on lui fait croire qu'un ange a apporté
pour lui une poignée de verges [2].

Au Louvre, comme à Fontainebleau, comme
à Saint-Germain, la femme et les maîtresses
du roi, ses enfants légitimes et ses enfants
naturels vivaient dans une édifiante intimité
qui ne paraissait choquer personne, sauf parfois le jeune Dauphin.

---

[1] Un blanchisseur.

[2] « L'on fait abaisser une poignée de verges attachée à
une ficelle, sous la cheminée. L'on lui faisoit croire que
c'étoit un ange qui les portoit du ciel. » 13 novembre 1605.

Dès le commencement de décembre 1601, la marquise de Verneuil, alors maîtresse en titre, vient le visiter ; elle lui donne des caresses, qui lui sont rendues. « Il a toujours ri avec une joie incroyable a la marquise. » L'année suivante, nous voyons réunis, dans une touchante scène de famille, le roi, la reine, la marquise et le Dauphin[1]. Puis, le roi prend plaisir à voir danser son fils avec le jeune Alexandre, un enfant qu'il avait eu de Gabrielle d'Estrées[2]. Au mois de juin 1604, ce bon père promène patriarcalement dans les jardins de Saint-Germain « tous ses enfans ; » et ils étaient sept : deux issus de la reine, trois issus de Gabrielle et deux issus de la marquise de Verneuil. Le lendemain, il se rend chez la reine avec la marquise, et ils goûtent tous trois le plus agréablement du monde.

J'ai dit que le petit Dauphin traitait parfois avec un peu de hauteur ses frères naturels. Ainsi pendant l'hiver de 1605, le roi ayant ordonné à madame de Montglat de faire souvent manger ensemble le jeune Verneuil et le Dauphin, celui-ci proteste : « Ho ! non, y ne faut

[1] 30 janvier 1602.
[2] 23 décembre 1602.

pas que les valets mangent avec leurs maîtres[1]. »
La marquise et son fils n'en viennent pas
moins, le jour suivant, partager son dîner;
l'enfant est assez mal reçu : « Ho ! dit le Dauphin, il n'est pas le fils de maman. » Mais le
roi n'admet pas cette instinctive répugnance.

Le 10 novembre, il écrit à madame de
Montglat : « J'ay esté bien aise d'apprendre
par votre lettre que mon fils et ma fille de Verneuil se portoient mieulx. J'envoye ce courrier
pour m'en rapporter encore des nouvelles et
de mes autres enfans. Si madame de Verneuil
est là et qu'elle désire voir mon fils, envoyés
le luy, et qu'il soit avec elle tant qu'elle voudra[2]. »

En 1606, la comtesse de Moret a supplanté
la marquise de Verneuil dans les bonnes
grâces du roi. On lui amène aussi l'enfant de
temps en temps[3]. Le 9 février 1607, cette
nouvelle maîtresse accouche d'un fils[4]. On
s'empresse d'en informer le Dauphin : « Monsieur, vous avez encore un autre féfé[5]. —

[1] 25 janvier 1605.
[2] *Lettres missives de Henri IV*, t. VII, p. 644. Lettre
classée par erreur à l'année 1608.
[3] Voy. 19 janvier, 20 octobre, etc.
[4] Antoine de Bourbon, mort en 1632.
[5] Un autre frère. -

Qui, qui est-il? demande-t-il comme ébahi. — Monsieur, c'est madame la comtesse de Moret qui est accouchée d'un fils. — Ho, ho! il n'est pas à papa. — Monsieur, à qui donc est-il? — Il est à sa mère. » Pas moins, il dîne le soir avec sa sœur de Vendôme, fille de Gabrielle d'Estrées.

Sans se brouiller ni avec la marquise, ni avec la comtesse, ni avec la reine [1], Henri IV leur donne une suppléante, Charlotte des Essarts, comtesse de Romorantin. Le 2 août 1607, elle vient voir le Dauphin. Au mois de janvier suivant, elle met au monde une fille [2], et naturellement on en fait part à l'enfant de la reine : « Monsieur, madame des Essarts est accouchée d'une fille, vous avez là une autre sœu-sœu [3]. — Non. — Pourquoi? — Elle n'a pas été dans le ventre à maman. — Votre papa la fera porter ici pour la faire baptiser, et veut que vous soyez le compère. — Qui? papa! — Oui, monsieur. — C'est une p....n, je l'aime point [4]. » Le roi ne se fâcha

---

[1] Voy. la lettre que le roi lui écrit vers le 20 mars 1607, dans les *Lettres missives*, t. VII, p. 138.

[2] Jeanne-Baptiste de Bourbon, morte abbesse de Fontevrault en 1670.

[3] Une autre sœur.

[4] Henri IV eut deux enfants de Charlotte des Essarts, qui

pas du tout des réponses du Dauphin, mais il
tenait à ses idées. Au mois de mai de l'année
suivante, se promenant avec lui et la comtesse
de Moret restée en faveur, il dit tendrement
au Dauphin : « Mon fils, j'ai fait un enfant à
cette belle dame, il sera votre frère [1]. »

Il ne faudrait pas chercher à se faire, d'a-
près ces extraits, une idée de ce que fut l'éducation du Dauphin. Elle fut bien pire encore
qu'on n'oserait se le figurer. Elle dépassa en
monstrueuse extravagance tout ce que l'ima-
gination peut rêver de plus invraisemblable,
de plus révoltant, de plus cynique. Il m'est
impossible d'édifier mes lecteurs par une seule
citation ; la moins inconvenante provoquerait
encore le dégoût. On sait que le désir de présenter un tableau fidèle et complet de nos
mœurs m'a décidé parfois à mettre en lumière, dans des appendices tirés à petit
nombre, certains faits que nos historiens
avaient ignorés ou cru devoir dissimuler.
Eh bien, j'ai ici hésité longtemps, tant il me
répugnait de rassembler ces infâmes témoi-
gnages d'une inconcevable aberration d'esprit.

en eut ensuite cinq du cardinal de Guise, et qui finit par
épouser le maréchal de l'Hôpital.

[1] 2 mai 1608.

Relisez le chapitre consacré par Rabelais à l'éducation de Gargantua [1] ; non pas la première partie, la jolie description où il nous le montre polissonnant si gaiement dans sa liberté d'enfant élevé à la diable. Là, vous verriez seulement de quelle façon le turbulent rejeton de Gargamelle et de Grandgousier « se mouschoit à ses manches, mordoit en riant, rioit en mordant, se cachoit en l'eau pour la pluye, se gratoit où ne lui démangeoit point, se chatouilloit pour se faire rire, se ruoit très bien en cuisine, espéroit prendre les allouettes toutes rousties ; » de quelle façon « les petits chiens de son père mangeoient en son escuelle, et luy de mesme mangeoit avec eux ; il leur mordoit les oreilles, ils luy graphignoient le nez, il leur souffloit au c.., ils luy leschoient les badigoinces, etc., etc. » C'est la fin du chapitre qu'il faut lire. Et quand vous aurez appliqué au petit Louis XIII les distractions que s'offraient les gouvernantes de Gargantua, vous serez encore bien au-dessous de la vérité.

Ces dangereux badinages semblent avoir fait la joie de son entourage, de son père surtout, de sa mère même. Son médecin, le bon

[1] Livre I, chap. xi.

Héroard, qui avait pour lui une tendresse
toute maternelle, ne s'en montre ni inquiet,
ni surpris. Il en tient note dans son *Journal,*
il les enregistre à leur date, comme incidents
tout naturels, et qui n'ont pas plus d'importance que le percement d'une dent ou le chan-
gement d'une nourrice. D'où l'on peut conclure, surtout quand Rabelais y ajoute le
poids de son autorité, que c'était là un procédé
d'éducation reçu, admis, usité depuis longtemps à la Cour. Il serait intéressant de savoir
si le même procédé était appliqué aux filles.
Plusieurs passages du *Journal* d'Héroard
semblent bien l'établir, mais je ne connais
aucun document qui permette d'être tout à
fait affirmatif sur ce point.

Je ne voudrais pas ici trop insister. Laissez-
moi, pourtant, vous donner encore une preuve
du peu de respect alors témoigné à l'enfance.
L'anecdote inconvenante qui suit date de la
jeunesse de Louis XIV, son authenticité ne peut
être mise en doute, et un prince de l'Église y
joue le principal rôle. La scène se passe vers
1653. Marie-Anne Mancini, nièce de Mazarin,
qui épousa à treize ans le duc de Bouillon, n'a
encore que six ans[1]. Je laisse maintenant

---

[1] Elle était née en 1646.

parler Hortense Mancini, sœur aînée de Marie-
Anne.

Une autre chose qui nous fit fort rire fut une
plaisanterie que M. le cardinal fit à madame de
Bouillon, qui pouvoit avoir six ans.

La Cour étoit pour lors à La Fère. Un jour qu'il
la railloit sur quelque galant qu'elle devoit avoir,
il s'avisa à la fin de luy reprocher qu'elle étoit
grosse. Le ressentiment qu'elle en témoigna le
divertit si fort qu'on résolut de continuer à le luy
dire. On luy étrécissoit ses habits de temps en
temps et on luy faisoit accroire que c'étoit elle qui
avoit grossy. Cela dura autant qu'il faloit pour luy
faire paroître la chose vraysemblable; mais elle
n'en voulut jamais rien croire et s'en défendit
toûjours avec beaucoup d'aigreur, jusqu'à ce que,
le temps de l'accouchement étant arrivé, elle
trouva un matin entre ses draps un enfant qui
venoit de naître.

Vous ne scauriez comprendre quel fut son étonnement et sa désolation à cette vue. « Il n'y a donc,
disoit-elle, que la Vierge et moy à qui cela soit
arrivé, car je n'ay du tout point eu de mal. » La
Reine la vint consoler et voulut estre marraine;
beaucoup de gens vinrent se réjouir avec l'accouchée, et ce qui avoit été d'abord un passe-temps
domestique devint à la fin un divertissement public
pour toute la Cour. On la pressa fort de déclarer
le père de l'enfant, mais tout ce qu'on en put
tirer fut que « ce ne pouvoit estre que le Roy ou le
comte de Guiche, parce qu'il n'y avoit que ces

deux hommes-là qui l'eussent baisée. » Pour moy,
qui avoit trois ans de plus qu'elle, j'étois toute
glorieuse de sçavoir la vérité de la chose, et je ne
pouvois me lasser d'en rire pour faire bien voir
que je la sçavois [1].

Gaston, frère de Louis XIII, avait été,
comme ce dernier, élevé par madame de
Montglat. A sept ans, il passa entre les mains
des hommes, et on lui donna pour gouverneur M. de Brèves, un savant homme « qui
avoit accoustumé d'attacher des verges à sa
ceinture [2]. » Les mauvais instincts de l'élève
résistèrent à la fermeté de son maître.

L'éducation de Louis XIV ayant été plus
négligée que celle de son père [3], il fut beaucoup moins fouetté. On n'épargna cependant
ni lui, ni son frère Philippe, duc d'Anjou [4].
Les filles d'honneur d'Anne d'Autriche vinrent
un jour se plaindre que quand le duc d'Anjou
les rencontrait, « il vouloit leur lever la cotte,
et usoit envers elles de termes étranges et
lascifs. » Bien que le prince, né en 1640, eût
alors dix-sept ans, la reine ordonna qu'on lui

[1] *Mémoires de madame la duchesse de Mazarin* (Hortense Mancini), édit. de Cologne, s. d., p. 8.
[2] *Mémoires* dits de Gaston d'Orléans, édit. Michaud,
p. 565.
[3] Voy. ci-dessus, p. 145.
[4] Voy. Choisy, *Mémoires*, édit. Michaud, p. 629.

donnât le fouet. Son gouverneur [1] n'osa, et le jeune homme dit à sa mère que s'il l'avoit touché, il lui aurait « donné de sa propre épée au travers du corps [2]. »

Le premier Dauphin, fils aîné de Louis XIV, eut pour gouverneur le duc de Montausier et Bossuet pour précepteur. Leur sévérité hébéta l'enfant. « La manière rude avec laquelle on le forçoit d'étudier lui inspira un si grand dégoût pour les livres qu'il prit la résolution de n'en jamais ouvrir quand il seroit son maître ; et il a tenu parole [3]. » Conséquence plus grave encore vis-à-vis d'un prince destiné au trône, cette éducation si austère eut pour effet d'augmenter sa timidité naturelle. « Dans les audiences des ministres, il ne faisoit que prêter de l'attention, sans répondre que par des signes de tête et deux ou trois mots prononcés d'un air embarrassé, et sans même qu'on les pût bien entendre. Sa conversation particulière ne paroissoit pas moins contrainte, peu libre ou accompagnée d'un air et d'un entretien qui répondît à son rang et à son éducation. Ce qui étoit attribué par les uns à

---

[1] Le maréchal du Plessis-Praslin.
[2] Gui Patin, *Lettre* du 19 juin 1657, t. II, p. 320.
[3] Mad. de Caylus, *Mémoires*, édit. Asselineau, p. 80.

défaut de génie, et par d'autres à la grande
contrainte dans laquelle il avoit été élevé [1]. »

La dureté des maîtres ne produisait pas
toujours de tels résultats, et quand on ne
l'exagérait pas trop, beaucoup d'enfants s'en
trouvaient bien.

Sur le chapitre des corrections, la princesse Palatine avait des principes. Elle le
prouva bien à son fils, celui qui fut régent
sous Louis XV. Elle écrivait le 15 février 1710 :
« Quand mon fils était petit, je ne lui ai
jamais donné de soufflets, mais je l'ai fouetté
si fort qu'il s'en souvient encore. Les soufflets
sont dangereux [2]. »

. Notez que les deux sexes étaient égaux
devant les verges. Madame de Caylus, tour-
mentée par madame de Maintenon qui voulait obtenir d'elle qu'elle abjurât et se fît
catholique, y consentit, mais à la condition
qu'on ne lui donnerait plus le fouet [3].

C'était là, d'ailleurs, le procédé en usage,
accepté, honoré même partout, et l'on ne
tenait aucun compte des rares protestations

---

[1] E. Spanheim, *Relation de la Cour de France en* 1670,
p. 43.

[2] Trad. Brunet, t. I, p. 125.

[3] Mad. de Caylus, *Souvenirs*, édit. de 1804, p. 33.

qu'il soulevait. Sans doute, il laissait dans
quelques cœurs de cuisants souvenirs et de
profondes rancunes, y éveillait même parfois
des désirs de vengeance, mais je ne vois pas,
qu'à cette époque au moins, ils aient provo-
qué aucun scandale. Thomas du Fossé nous
parle, il est vrai, de jeunes gens qui avaient
été si maltraités par leur précepteur que l'un
songeait à le poignarder, tandis que l'autre,
devenu colonel, méditait de le faire rouer de
coups par ses soldats [1]. Ni l'un ni l'autre ne
donnèrent suite à des projets qui eussent
excité alors un étonnement et une réprobation
générale.

Toutefois, au début du règne de Louis XIV,
l'autorité paternelle avait déjà reçu quelque
atteinte, était devenue moins absolue. Les
vieilles gens le déploraient et célébraient les
mœurs austères du temps passé. A cet égard,
Le roman bourgeois, écrit vers 1665, est fort
instructif. Écoutez les imprécations de Vollichon contre sa fille Javotte, qui refuse le mari
qu'on veut lui imposer :

Ha! que le siècle d'à présent est perverti! Vous
voyez combien la jeunesse est libertine, et le peu

---

[1] *Mémoires*, t. I, p. 166.

d'authorité que les pères ont sur leurs enfans. Je
me souviens encore de la manière dont j'ay vescu
avec feu mon père (que Dieu veuille avoir son
âme!) Nous estions sept enfans dans son estude [1],
tous portans barbe, mais le plus hardy n'eût pas
osé seulement tousser ou cracher en sa présence;
d'une seule parole il faisoit trembler toute la maison. Vrayment il eut fait beau voir que moy, qui
estois l'aisné de tous et qui n'ay esté marié qu'à
quarante ans, moy, dis-je, j'eusse résisté à sa vo-
lonté ou que je me fusse voulu mesler de raisonner
avec lui! J'aurois esté le bien venu et le mal reçu;
il m'auroit fait pourrir à Saint-Lazare ou à Saint-
Martin [2].

Vollichon ayant ainsi donné cours à sa
colère, madame Vollichon prit la parole en
ces termes .

Quand nous étions filles, il nous falloit vivre
avec tant de retenue que la plus hardie n'auroit pas
osé lever les yeux sur un garçon. Nous observions
tout ce qui estoit dans notre civilité puérile, et,
par modestie, nous n'aurions pas dit un petit mot
à table; il falloit mettre une main dans sa serviette,
et se lever avant le dessert. Si quelqu'une de nous
eut mangé des asperges ou des artichaux [3] on l'auroit montré au doigt; mais les filles d'aujourd'huy

[1] Le père de Vollichon était procureur au Châtelet.
[2] Maisons de correction.
[3] Les artichauts et les asperges passaient alors pour de
puissants aphrodisiaques.

sont presque aussi effrontées que des pages de
Cour. Voilà ce que c'est que de leur donner trop
de liberté[1].

Le régime de la liberté, de la familiarité
même, commençait donc. Racine redevenait
enfant avec ses enfants : « Je me souviens,
écrit son fils, de processions dans lesquelles
mes sœurs étoient le clergé, j'étois le curé,
et l'auteur d'Athalie, chantant avec nous,
portoit la croix[2]. »

Les travers des pères trop indulgents, les
dangers d'une éducation trop tendre ont été
résumés, vers cette époque, par un poète
dont le plus grand mérite est d'avoir été cousin de madame de Sévigné ; on va voir, toutefois, qu'il n'y avait aucun lien de parenté
entre son style et celui de sa cousine. La
pièce a pour titre : *Avis aux pères de famille*,
et devait se chanter « sur l'air des ennuyeux. »

> Pour bien élever vos enfans
> N'épargnez précepteur ni mie,
> Mais jusques à ce qu'ils soient grands
> Faites-les taire en compagnie,
> Car rien ne donne tant d'ennuy
> Que d'écouter l'enfant d'autruy.

[1] Édit. Éd. Fournier, p. 196.
[2] L. Racine, *Mémoires sur la vie et les ouvrages de
J Racine*, édit. P. Mesnard, t. I, p. 202.

Le père aveugle croit toûjours
Que son fils dit choses exquises ;
Les autres voudroient estre sourds
Qui n'entendent que des sottises ;
Mais il faut de nécessité
Applaudir à l'enfant gasté.

Quand on vous a dit d'un bon ton
Qu'il est joly, qu'il est bien sage,
Qu'on luy a donné du bonbon,
N'en exigez pas davantage,
Faites-luy faire serviteur,
Aussi bien qu'à son précepteur.

Pères charmez de vos enfans,
Recevez cet avis sincère,
Estant seuls prenez vostre temps
Pour joüir des plaisirs de père,
Mais en public en vérité,
Suspendez la paternité.

Parlant d'eux, ne dites jamais
Qu'ils sont beaux ni qu'ils sont aimables,
Un père fait mal des portraits,
Ésope l'apprend dans ses fables :
Voyez celle du chat huant,
Et croyez-moy, profitez-en.

Qui croiroit qu'avec du bons sens,
Quelqu'un pust s'aviser d'écrire
A des marmousets de trois ans,
Qui de quatre ans ne sçauront lire?
D'un père encor dernièrement
Je vis ce fade amusement.

Sçachez encore, mes bonnes gens,
Que rien n'est plus insupportable
Que de voir vos petits enfans
En rang d'oignon à la grand' table,
Des morveux qui le menton gras,
Mettent les doigts dans tous les plats.

Qu'ils mangent d'un autre costé,
Sous les yeux d'une gouvernante
Qui leur presche la propreté,
Et qui ne soit point indulgente;
Car on ne peut trop promptement
Apprendre à manger proprement.

. . . .

En faveur des petits enfans
Je veux gronder les gouvernantes
Qui pour les rendre obéissans
Leur font des peurs extravagantes,
Et qui contentes du succez
Les rendent peureux à jamais.

On leur fait peur du loup-garou,
On leur fait peur de la grand' beste ;
Le dragon va sortir d'un trou
Qui pour les avaler s'appreste.
Enfin ces petits malheureux
N'ont que des monstres autour d'eux.

De là vient que quand ils sont grands
Ils ont peur par accoûtumance;
De là vient que les objets blancs
La nuit mettent leur cœur en trance,

Et qu'effrayez des moindres bruits,
Ils croyent que ce sont des esprits.

L'on n'ose plus passer les nuits
Sans une escorte ou sans lumière,
L'on voudroit estre au fond d'un puits
Si tost qu'il tonne ou qu'il éclaire,
Et mesme avec beaucoup de cœur
L'on ne peut vaincre cette peur.

Je ne sçaurois trop condamner
Encore ces craintes mal fondées,
De se trouver treize à dîner,
Et des salières renversées,
Et cent mille autres pauvretés, .
Dont bien des gens sont entestés.

Pères, ne soyez point fâchez
D'un avis aussi nécessaire,
Tant que vous pourrez, empêchez
Tous les sots contes de commère,
Qui ne servent à nos enfans
Qu'à les gaster petits et grands [1].

C'est à la bourgeoisie que le petit Coulanges
adressait ces sages conseils. La noblesse n'en
avait pas encore besoin, car, comme le dit
très bien M. de Talleyrand, « dans les grandes
maisons, c'était la famille que l'on aimait,
bien plus que les individus [2]. » La famille de

---

[1] [De Coulanges], *Recueil de chansons choisies,* t. I,
p. 158.

[2] *Mémoires,* t. I, p. 7.

Larochefoucauld en fournit un exemple bien
frappant.

On s'y étoit accoutumé depuis longtemps, écrit
Saint-Simon [1], à ne vouloir chez eux qu'un successeur, pour recueillir tous les biens et toute la fortune du père ; à ne marier ni filles ni cadets, qu'ils
comptoient pour rien, et à les jeter à Malte et dans
l'Église. Le premier duc de la Rochefoucauld fit
son second et son quatrième fils prêtres. L'aîné
mourut évêque de Lectoure, l'autre se contenta
d'abbayes, le second fut chevalier de Malte. De six
filles qu'il eut, quatre furent abbesses, la dernière
religieuse ; la troisième, plus coriace que les autres,
voulut absolument un mari.

Le second duc de la Rochefoucauld, qui a tant
figuré dans les troubles contre Louis XIV, et si
connu par son esprit, eut cinq fils et trois filles.
Des quatre cadets, trois furent chevaliers de Malte
et le dernier prêtre, fort mal appelé, et tous quatre
avec force abbayes. Les trois filles moururent si-
bylles dans un coin de l'hôtel de la Rochefoucauld,
où on les avait reléguées, ayant à peine de quoi
vivre.

Sur l'opulente maison de Gramont, l'on
pourrait récuser comme suspect le témoignage de Saint-Simon, c'est donc à la famille
elle-même que je m'adresserai. Voici ce que le
duc de Gramont écrivait au sujet du maréchal,

---

[1] *Mémoires,* t. IX, p. 399.

son père, d'abord connu à la Cour sous le nom de comte de Guiche [1] :

M. le duc de Gramont, qui étoit pour lors un des plus grands seigneurs de France, l'envoya à Paris à l'âge de quatorze ans pour apprendre à monter à cheval et faire ses autres exercices. Mais comme les pères de ce temps-là ne se dénuoient pas volontiers de ce qui leur étoit utile et agréable pour le donner à leurs enfans, ainsi qu'il se pratique aujourd'hui [2], l'équipage que M. le duc de Gramont donna à son fils, qui portoit alors le nom de comte de Guiche, consistoit uniquement en une espèce de gouverneur à très petits gages, à un valet de chambre et à un vieux laquais basque.

L'argent comptant pour le voyage fut médiocre, et celui qu'il avoit à dépenser à Paris peu considérable pour une personne de sa qualité; de sorte qu'il falloit vivre d'économie, pour ne pas consommer en un jour ce qui étoit destiné pour sa subsistance pendant une semaine : et je lui ai souvent ouï dire à lui-même, en me racontant l'extrême indigence où il s'étoit trouvé, qu'il étoit quelquefois nécessité de souper avec un morceau de pain, et de s'aller coucher ensuite à la lueur d'une lampe fort puante, faute de chandelle, parce qu'elle étoit trop chère, et de loger en chambre garnie [3].

---

[1] Il mourut à Bayonne en 1678.

[2] Les mémoires que je cite ici ont été publiés en 1676.

[3] *Mémoires,* édit. Petitot, IIe série, t. LVI, p. 292.

Heureusement, notre jeune comte était
fort beau garçon, « vigoureux, enjoué et poli
autant qu'on le peut être, » de manière qu'il
plut facilement à de grandes dames qui « le
prirent sous leur protection ; quelques-unes
eurent soin de l'habiller, d'autres lui donnèrent de l'argent, » en sorte qu'il put jouer,
et il fut heureux au jeu. On ne voyait alors
rien là que de très naturel, et le père du
séduisant de Guiche, en gardant son argent,
avait sans doute prévu que les choses se pas-
seraient ainsi.

Le premier président Verthamont, riche à
millions, lui aussi, n'avait pas la même
excuse quand il laissait sa fille unique manquer
de bas et de souliers, et se morfondre dans
un grenier « où elle ne voyoit jamais de feu[1]. »

L'abbé de Mailly, qui devint aumônier du
roi et archevêque d'Arles, ne manifesta
d'abord aucun goût pour l'état ecclésiastique.
« Sa mère l'avoit fait prêtre à coups de
bâton et l'avoit laissé mourir de faim longues
années à Saint-Victor. Elle en avoit fait autant à un autre de ses fils qui, plus docile,
s'étoit fait religieux[2]. »

[1] Saint-Simon, t. XII, p. 420.
[2] Saint-Simon, t. I, p. 498.

Le prince de Ligne haïssait son fils [1]. Quand celui-ci fut nommé colonel du régiment qui portait le nom de la famille, il écrivit à son père :

Monseigneur,

J'ai l'honneur d'informer Votre Altesse que je viens d'être nommé colonel de son régiment.

Je suis avec un profond respect, etc.

La réponse ne se fit pas attendre :

Monsieur,

Après le malheur de vous avoir pour fils, rien ne pouvoit m'être plus sensible que le malheur de vous avoir pour colonel.

Recevez, etc. [2]

Le duc de Lauzun [3] résumait ainsi son enfance : « J'étois comme tous les enfans de mon âge et de ma sorte : les plus jolis habits pour sortir, nu et mourant de faim à la maison [4]. »

Talleyrand [5] ne fut guère mieux soigné :

Ma grand'mère, écrivait-il, était dame du palais de la reine ; le roi avait pour elle une considéra-

---

[1] Né en 1735 à Bruxelles, mais bien Français par l'originalité et la finesse de son style.

[2] *Mémoires du prince de Ligne*, édit. Barrière, introduction, p. XI.

[3] Né en 1747. Devenu duc de Biron.

[4] *Mémoires*, édit. G. d'Heylli, p. 3.

[5] Né en 1754.

tion toute particulière; elle demeurait toujours à Versailles et n'avait point de maison à Paris.

Ses enfants étaient au nombre de cinq. Leur première éducation, comme celle de tout ce qui tenait immédiatement à la Cour, avait été assez négligée. La seconde ne devait consister qu'à leur donner ce qu'on appelait l'usage du monde.

Ma grand'mère avait des manières nobles, polies et réservées. Sa dévotion la faisait respecter, et une famille nombreuse rendait simples les démarches fréquentes qu'elle faisait pour l'avancement de ses enfants.

Mon père avait les mêmes principes que sa mère sur l'éducation des enfants d'une famille fixée à la Cour. Aussi la mienne fut-elle un peu abandonnée au hasard. Ce n'était point par indifférence, mais par cette disposition d'esprit qui porte à trouver que ce qu'il faut avant tout, c'est de faire, c'est d'être comme tout le monde. Des soins trop multipliés auraient paru de la pédanterie; une tendresse trop exprimée aurait paru quelque chose de nouveau et par conséquent de ridicule. Les enfants, à cette époque, étaient les héritiers du nom et des armes. On croyait avoir assez fait pour eux en leur préparant de l'avancement, des places, quelques substitutions, en s'occupant de les marier, en améliorant leur fortune[1].

Retiré de nourrice, on l'envoya en province chez une parente où il passa quelques années.

---

[1] *Mémoires*, t. I, p. 6.

Un beau jour, un vieux valet de chambre alla le chercher, le ramena à Paris et le déposa au collège d'Harcourt, « sans, dit-il, avoir été conduit chez mon père et ma mère ; j'avais huit ans, et l'œil paternel ne s'était pas encore arrêté sur moi [1]. »

Chateaubriand [2] a longuement raconté la dure éducation qu'il avait reçue, sans oublier les coups de poing que lui administrait son maître d'écriture. Il nous fait aussi le portrait de son père. Tout enfant, raconte-t-il, sa sévérité me révoltait. Une seule passion chez ce vieux gentilhomme, celle de son nom ; « taciturne, despotique et menaçant dans son intérieur, ce qu'on sentait en le voyant, c'était la crainte. » Un matin, il demande son fils, qui comparaît en tremblant devant lui : « Monsieur le chevalier, lui dit-il, votre frère a obtenu pour vous un brevet de sous-lieutenant au régiment de Navarre. Vous allez partir pour Rennes, et de là pour Cambrai. Voilà cent louis, ménagez-les. Je suis vieux et malade ; je n'ai pas longtemps à vivre. Conduisez-vous en homme de bien, et ne déshonorez jamais votre nom. » Il m'em-

---

[1] *Mémoires*, t. I, p. 7 et 14.
[2] Né en 1768,

brassa. Je sentis ce visage ridé et sévère se
presser contre le mien ; c'était pour moi le
dernier embrassement paternel. Le comte de
Chateaubriand, homme redoutable à mes
yeux, ne me parut dans ce moment que le
père le plus digne de ma tendresse. Je me
jetai sur sa main décharnée et je pleurai. Il
commençait d'être attaqué de paralysie, son
bras gauche avait un mouvement convulsif
qu'il était obligé de contenir avec la main
droite. Ce fut en retenant ainsi son bras et
après m'avoir remis sa vieille épée que, sans
me donner le temps de me reconnaître, il me
conduisit au cabriolet qui m'attendait. Il m'y
fit monter, et le postillon partit [1]. »

Il paraît que les types de ce genre n'étaient
pas rares, surtout en province, car le grand-
père de M. le comte d'Haussonville ne se
montrait, vis-à-vis de son fils, ni plus tendre
ni plus commode :

Mon père ne fut jamais à son aise avec son père,
qui prolongea fort tard l'exercice de son autorité
paternelle. J'ai ouï dire qu'au camp de Lunéville,
à une époque où mon père, déjà officier et présenté
à la Cour, portait l'uniforme d'aide de camp, mon
grand-père lui disait quelquefois à haute voix d'un

---

[1] *Mémoires d'outre-tombe*, t. I, p. 19, 29 et 177.

bout du salon à l'autre, devant tout le corps des
officiers : « Monsieur mon fils (il ne l'appelait
jamais autrement), ne me ferez-vous pas la grâce
d'ôter les mains de vos poches? » Une fois, à la
chasse à courre, dans un moment de hâte où chacun partait au galop à la suite des chiens, mon
père, leste et pressé, s'était d'un saut élancé sur un
cheval qu'il tenait en main : « Qu'est-ce à dire,
monsieur mon fils, depuis quand monte-t-on sur
un cheval par la droite, s'écria mon grand-père ;
ayez la complaisance de descendre, et de remonter
à la façon ordinaire, comme on vous l'a appris. »

Mon père, ajoute M. d'Haussonville, supportait
ces traitements avec beaucoup de patience ; cependant il en souffrait. Autant par bonté naturelle que
par souvenir de l'ennui qu'ils lui avaient causé, il
me les a toujours épargnés [1].

Je tiens à faire remarquer que quand je me
plains de la faiblesse qui préside aujourd'hui
à l'éducation des enfants, je n'entends pas demander aux parents d'imiter les gentilshommes
bourrus dont je viens de parler. Fait assez
rare, ceux-ci n'avaient même pas pour excuse
l'exemple du roi, qui leur en donnait un tout
différent. Louis XV, père de quatre filles,
passait chaque jour plusieurs heures avec
elles, mais il avait le tort de les désigner par
de triviales appellations, dont l'origine était

[1] *Ma jeunesse*, p. 9.

fort suspecte. « Les gens de son intérieur, écrit madame Campan[1], avaient remarqué qu'il en savait un grand nombre, et on pensait qu'il les apprenait avec ses maîtresses. » Certaines favorites éphémères étaient parfois de condition assez vulgaire pour lui avoir fourni les surnoms qu'il appliquait à ses filles.

Madame Victoire, c'était Coche.
—   Adélaïde   —   Loque.
—   Sophie   —   Graille.
—   Louise   —   Chiffe.

Les sobriquets de ce genre étaient très fréquents, surtout dans la bourgeoisie, mais la plupart d'entre eux avaient au moins le mérite de représenter quelque pensée affectueuse. « Vollichon, dit Furetière, appeloit son mari Mouton, et celui-ci appeloit sa femme Moutonne, c'estoit le nom de cajollerie qu'ils se donnoient[2]. » On comprend que ces tendres qualifications pouvaient varier à l'infini. Les diminutifs, les petits noms étaient aussi très employés et très nombreux. Racine, par exemple, avait quatre filles, Anne, Élisabeth,

---

[1] *Mémoires*, t. I, p. 16.
[2] *Le roman bourgeois*, p. 196. — Voy. aussi Boileau, satire X. — Mad. de Genlis, *Dictionnaire des étiquettes*, t. II, p. 10.

Françoise et Madeleine, qui restèrent toujours
pour lui Nanette, Babet, Fanchon et Madelon [1]. J'ai voulu dresser une liste des dénomi-
nations de ce genre qui furent le plus usitées
aux deux derniers siècles ; je les ai cherchées
dans les mémoires, les romans, surtout dans
le théâtre, et j'en ai recueilli une centaine
dont voici la liste :

ADÉLAÏDE.

Adèle.

Alix.

ANNE.

Annette.

Nanette.

Nanon.

Ninette.

Ninon [2].

ANTOINETTE.

Tiencttc.

Toinette.

Toinon.

BRIGITTE.

Britte.

CATHERINE.

Cataut.

Cathaut.

Cathos.

Catiche.

Catin.

Catos.

Catot.

CHARLES.

Charlot.

CLAUDE.

Godon.

CLAUDINE.

Dodon.

COLIN.

Colinet.

Colinette.

EDMOND.

Edme.

Éme.

Émont.

ÉLISABETH.

Babeau.

[1] Racine, OEuvres, t. I, p. 124.
[2] La fameuse Ninon se nommait Anne de Lenclos.

Babet.

Babon.

Belon.

Élisse.

Isabeau.

Isabelle.

ÉMILIE.

Meille.

ÉTIENNE.

Tiennon.

Tiennot.

Tiénot.

ÉTIENNETTE.

Tiennette.

Tiennot.

FRANÇOISE.

Fanchon.

Francillon.

GENEVIÈVE.

Genevotte.

Javon.

Javotte.

GEORGES.

Georget.

JACQUELINE.

Jacquette.

JACQUES.

Jacot.

Jacquet.

Jacquot.

JEAN.

Génin.

Janin.

Jannin.

Jannot.

Jeannin.

Jeannot.

Janot.

JEANNE.

Jeannelle.

Jeanneton.

Jeannette.

Jeannine.

Jeannotte.

LÉOCADIE.

Locaye.

LOUISE.

Lise.

Lisette.

Louisette.

Louison.

MADELEINE.

Madelon.

Magdelon.

MARGUERITE.

Gothon.

Goton.

Gotte.

Margot.

Margoton.

Marine.

MARIE.

Mariette.

Manon [1].	Phélipot.
Marion [2].	Philippot.
Marotte.	PHILIPPINE.
MARTHE.	Flipote.
Marton.	Phlipote.
MICHEL.	Philipote.
Michelot.	PIERRE.
Michot.	Perrichon.
NICOLAS.	Perrin.
Colas.	Perrinet.
Colin.	Pierrot.
Colinet.	ROSE.
NICOLE.	Rosette.
Colette.	Rosine.
Colinette.	SÉBASTIEN.
PÉTRONILLE.	Bastien.
Perrenelle.	SUZANNE.
Perrette.	Suzette.
Perrine.	Suzon.
Pétronelle.	URBAIN.
PHILIPPE.	Urbanet.

Sous le règne de Louis XVI, l'autorité
paternelle s'était encore amoindrie. Dès cette
époque, la rigidité, la sévérité parfois exa-
gérées qui présidaient à l'ancienne vie de
famille sont remplacées, dans toutes les

[1] Madame Roland se nommait Marie; mais ses parents,
écrit-elle, employaient toujours avec elle « la gentille appel-
lation de Manon. »

[2] Marion de Lorme se nommait en réalité Marie. Voy.
Jal, *Dictionnaire critique*, p. 798.

classes de la société, par une indulgence coupable, une faiblesse sans borne, une familiarité fort exagérée aussi, qui rend l'enfant l'égal de son père, en fait un compagnon, un camarade, à qui il devient bien difficile de faire accepter des réprimandes et de donner des ordres. La mère de madame Roland a presque une attaque de nerfs, parce que son mari gratifie leur fille de trois fessées bien méritées[1]. Le prince de Ligne, qui avait été si maltraité, ne put jamais se consoler de la mort de son fils, tué en 1792[2]. Au reste, écoutons Sébastien Mercier, peintre fidèle des mœurs parisiennes à la fin du dix-huitième siècle :

Paris est plein de jolis enfans, mais qui deviennent des hommes maussades. Quand je vois dans une maison qu'on serre, qu'on embrasse, qu'on étouffe de caresses un enfant de six ans, à raison de quelques saillies qui sont au-dessus de son âge ; qu'on l'appelle un prodige ; que le père, la mère le regardent comme un être extraordinaire, je gémis sur le pauvre petit innocent[3].

. . . .

Rien n'étonne plus un étranger que la manière

---

[1] *Mémoires*, t. I, p. 18.
[2] *Mémoires*, p. 167.
[3] *Tableau de Paris*, t. VIII, p. 51.

leste et peu respectueuse avec laquelle un fils parle
ici à son père. Il le plaisante, le raille, se permet
des propos indécens sur l'âge de l'auteur de ses
jours. Et le père a la molle complaisance d'en rire
le premier : la grand'mère applaudit aux prétendues gentillesses de son petit-fils.

On ne sauroit distinguer le père de famille dans
son propre logis ; on le cherche, il est dans un
coin, causant avec le plus humble et le plus
modeste de la société. S'il ouvre la bouche, son
gendre le contredit, ses enfans lui disent qu'il
radote ; et le bonhomme, qui auroit envie quelquefois de se fâcher, ne l'ose pas devant sa femme.
Elle semble approuver les impertinences de ses
enfans [1].

[1] *Tableau de Paris*, t. IV, p. 104.

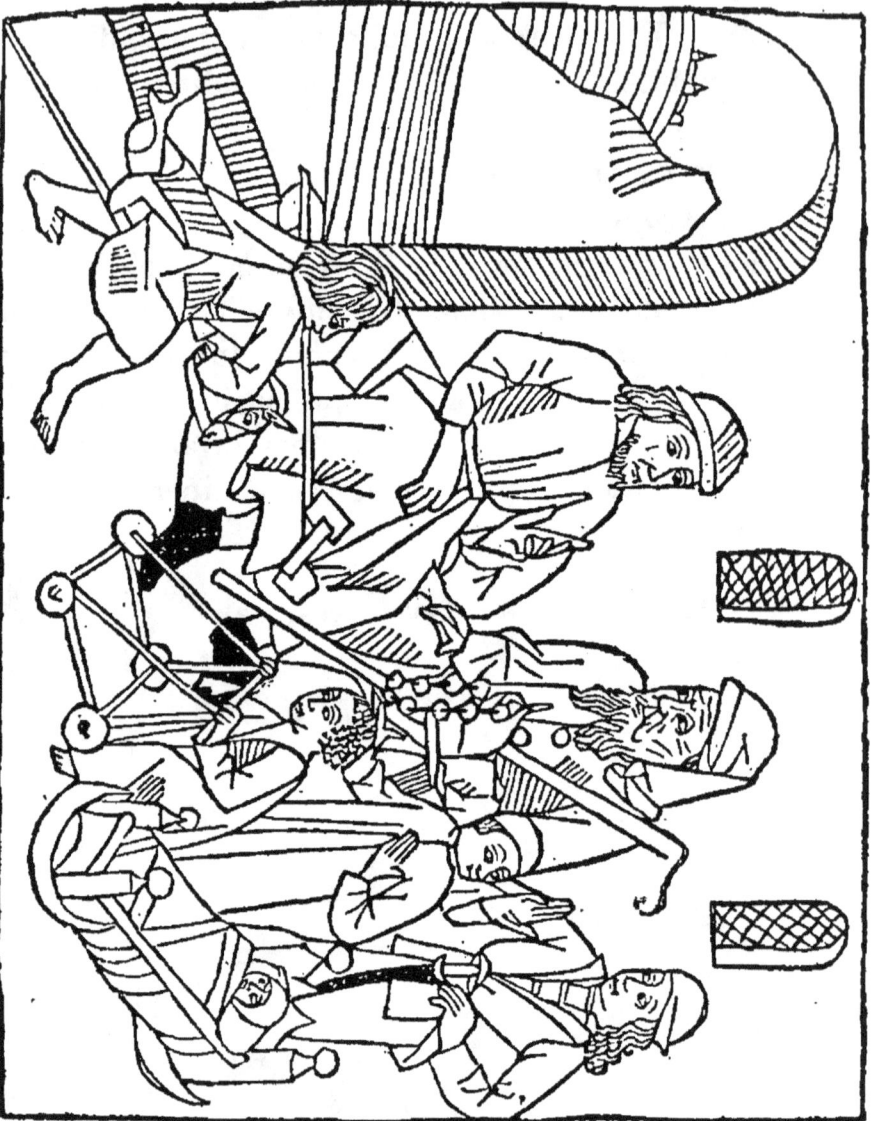

CHAPITRE V

LES JOUETS ET LES JEUX

La liste seule, non pas des jeux, mais des
auteurs qui ont écrit sur les jeux, formait
déjà en 1701 tout un volume [1]. D'où l'on peut
conclure que, pour traiter ce sujet d'une manière à peu près complète, il faudrait bien y

---

[1] H.-J. Claudius, bibliothécaire de Dresde, *Notitia scrip-
torum de ludis præcipuis et privatis.* Leipzig, 1761, in-8°.

consacrer une dizaine de volumes comme celui-ci. Je vais donc me borner à résumer, dans une rapide esquisse, quelques-unes des notes que j'avais recueillies en vue d'un travail plus étendu.

Constatons d'abord qu'un grand nombre de jouets et de jeux qui amusent aujourd'hui nos enfants étaient connus des Grecs et des Romains. Je citerai, par exemple, les balles, les ballons, les osselets, les dés, le cerceau, la toupie, le sabot, le palet, les chevaux de bois, le colin-maillard, le cache-cache, la main chaude, les barres, pair ou non, croix ou pile, etc., etc. [1]

Les enfants du douzième siècle possédaient déjà des joujoux assez compliqués. Dans le célèbre *Hortus deliciarum*, exemplaire unique écrit au douzième siècle par l'abbesse Herrade de Landsberg, on trouvait dessiné un jouet fort curieux. Deux enfants, séparés par une table, tenaient de chaque main l'extrémité de deux cordes qui soutenaient deux marionnettes représentant des chevaliers armés de pied en cap. En tirant et lâchant alternative-

---

[1] Voy. Becq de Fouquières, *Les jeux des anciens*, 1869, in-8°. — *Le magasin pittoresque*, t. XIII, p. 319 et 360, etc., etc

ment les cordes, les enfants imprimaient aux deux chevaliers un mouvement de va-et-vient qui simulait une sorte d'escrime[1]. L'*Hortus deliciarum*, conservé dans la bibliothèque de Strasbourg, a été anéanti par l'armée allemande; mais les gens de mon âge peuvent se rappeler que l'on rencontrait jadis à Paris de petits Savoyards, porteurs d'une planchette sur laquelle ils faisaient sauter deux poupées suspendues à une corde qu'ils agitaient de leur genou droit. C'était la reproduction au dix-neuvième siècle du jouet inventé par le douzième.

Au début du quatorzième, les merciers vendaient des toupies et des balles[2]; et la courte-paille, dit « jeu de court festu, » était déjà fort en vogue[3]. Jean Boucicaut, le futur maréchal de France, montrait un goût décidé pour les barres et aussi pour le croq-madame[4], qui devait être une sorte de palestre. En 1383 on donne à Charles VI, alors âgé de quinze ans, un canon de bois et « un petit engin à

---

[1] Voy. *Bibliothèque de l'École des chartes*, t. I, p. 251. — Ce dessin a été reproduit par M. Viollet-le-Duc, dans son *Dictionnaire du mobilier*, t. II, p. 477.

[2] Voy. *Les magasins de nouveautés*, t. I, p. 7.

[3] *Le livre du chevalier de la Tour-Landry*, p. 53.

[4] *Mémoires*, édit. Michaud, p. 217.

traire, » dans lequel il faut probablement
reconnaître une petite voiture. Il joue aussi
« à croiz et pille, » et comme il désire un ballon, on achète pour lui des vessies de bœuf [1].
Sept ans après, sa femme Isabeau de Bavière
fait réparer « un petit moulinet d'or garni de
perles [2], » provenant sans doute d'un bijou, car
la reine avait alors dix-neuf ans. Le compte de
cette réparation a été retrouvé, et on y lit cependant : « Pour l'esbatement de madame
Ysabeau de France. » Notez qu'il ne peut
s'agir ici d'Isabeau, fille de Charles VI, car
elle naquit en novembre 1389 et cette dépense est de 1390. Au reste, en dehors de ses
passe-temps moins innocents, Isabeau de Bavière jouait aux cartes et aux jonchets. Les
comptes de son argentier pour 1396 nous révè-
lent que, au cours de cette année, il paya à un
« pingnier [3] » 72 sols parisis « vingt-quatre
petis bastonnetz d'ivoire pour la Royne, à
soy jouer, » et qu'il acheta 12 sols parisis
chez un « gaingnier [4], un estuy pour mettre

---

[1] Douët-d'Arcq, *Comptes de l'hôtel des rois de France*,
p. 115 et 208.

[2] De Laborde, *Notice des émaux du Louvre*, p. 395.

[3] Fabricant de peignes. Les pingniers ou pigniers sont
devenus tabletiers.

[4] Un gainier.

les cartes de la Royne, les petis bastonnetz d'ivoire et les roolles de parchemin[1]. » Qu'étaient-ce que ces rôles de parchemin ? Peut-être un petit cahier contenant la note des parties jouées, gagnées ou perdues par Isabeau et le roi.

Vers 1393, *Le ménagier de Paris*, ouvrage curieux et que j'ai souvent cité déjà[2], mentionne le jeu de « pince mérille » qui pourrait bien être analogue à notre pince-sans-rire, et celui de « qui féry, » lequel doit représenter notre main-chaude[3].

Les premiers jouets que reçut Charles VII furent un hochet d'argent doré et un petit chaudron de cuivre jaune. Le 15 février 1404[4], on acheta une harpe, du prix de trente-six sous, qui fut délivrée à ses gens, « pour en jouer devant ledit seigneur[5]. » Dès l'âge de sept mois, sa vaisselle personnelle se composait de six tasses d'argent blanc[6], six

---

[1] V. Gay, *Glossaire archéologique*, p. 132.
[2] Voy. surtout *La cuisine*, p. 47, 52 et suiv.
[3] Tome I, p. LXXVII, 7 et 71.
[4] Il était né le 22 février 1403.
[5] Voy. Vallet de Viriville, *Histoire de Charles VII*, preuves, t. III, p. 258.
[6] Ainsi appelé dans les inventaires pour le distinguer de l'argent doré.

écuelles de même métal à ses armes, une aiguière d'argent verrée [1] et deux pots d'argent blanc [2].

Guillebert de Metz, dans sa description de Paris en 1434, cite parmi les « artificeux ouvriers » un potier « qui tenoit des rossignolz chantans en yver [3], » et il est bien difficile de voir là autre chose qu'un jouet d'enfant. Nous savons, d'ailleurs, que l'on fabriquait déjà pour eux des animaux de terre cuite pouvant servir de sifflets. Antoine Astesan, auteur d'un éloge de Paris, écrit vers 1450, nous apprend que parmi les innombrables objets mis en vente dans les galeries du Palais, on trouvait, « présents si chers aux petites filles, des poupées charmantes et merveilleusement habillées [4]. »

La petite Madeleine, fille de Charles VII [5], en savait quelque chose. La Cour étant à Chinon, on achète « pour sa plaisance, » à un

---

[1] Argent orné, travaillé, ciselé, incrusté d'émaux, doré même par parties. Mais l'or n'est jamais dit verré.

[2] Voy. Du Fresne de Beaucourt, *Histoire de Charles VII*, t. I, p. 9.

[3] Édit. Le Roux de Lincy, p. 233.

[4]   Non desunt puppæ, gratissima dona tenellis
         Virginibus, miro cultu formaque decoræ.
                                        (Page 532).

[5] Née le 1er décembre 1448.

marchand nommé Raoulin de la Rue « une
pouppée de Paris, faite en façon d'une damoiselle à cheval, et ung varlet de pied. » Un peu
plus tard, Anne de Bretagne dépense sept
livres tournois « pour faire et reffaire par deux
fois » une grande poupée destinée à servir de
cadeau. Nous savons également que, deux ans
avant sa mort, Louis XI enfermé au Plessis,
faisait acheter, je ne sais pour qui, des jeux
de boules [1]. Dans l'inventaire des biens de sa
femme Charlotte de Savoie, figure un jeu de
« jonchez [2]. »

Rabelais nous a conservé une énumération
très fantaisiste de 218 jeux destinés à amuser
l'enfance de Gargantua [3]. Il entrait dans sa
cinquième année, quand on lui donna un petit
moulin à vent et « un beau grand cheval de
bois. » Les balles vinrent un plus tard.

Parmi les jeux préférés des petits Parisiens
au milieu du seizième siècle, Noël du Fail cite
les barres, la lutte, les sauts, le maniement de
l'arc et le « boute-hors, » qui pourrait bien
être notre *roi détrôné* [4]. Le botaniste Léonard

---

[1] A. Jal, *Dictionnaire critique*, p. 704.

[2] *Bibliothèque de l'École des chartes*, vi° série, t. I (1865),
p. 354.

[3] *Gargantua*, livre I, chap. xxii.

[4] *Propos rustiques*, édit. elzév., t. I, p. 11 et t. II, p. 97.

Fuchs nous révèle une distraction d'autre nature. « Les jeunes enfans, dit-il, prennent les petites barbes et fueilles du bluet, puis les battent et pillent avec aubins [1] d'œufz, pour en tirer couleur bleue et céleste, de laquelle ilz puissent peindre les plus grandes lettres de leurs livres [2]. »

Ceci était écrit en 1550, et cette même année parut le traité *De subtilitate* de Jérôme Cardan, où se lit une description si exacte du baguenaudier, que le célèbre philosophe a pu en être regardé comme l'inventeur [3].

Parmi les dépenses du roi de Navarre à Pau en 1571 figurent des jouets destinés à Catherine, fille de Jeanne d'Albret [4]. En 1571 aussi, Claude de France, duchesse de Lorraine, écrivait à l'orfèvre Hottman de lui envoyer pour l'enfant de la duchesse de Bavière récemment accouchée d'une fille, « un petit mesnage d'argent tout complet de buffet, potz, plats, escuelles et telles autres choses comme on les faict à Paris; » puis, « des poupées non trop grandes, jusques à quatre ou six, des

[1] Blancs.
[2] *Historia stirpium...* trad. française, édit. de 1550, p. 300.
[3] Voy. l'édition de 1550, p. 294.
[4] *Archives des Basses-Pyrénées*, t. I, p. 3.

mieux habillées[1]. » Ces poupées n'auraient
pu, bien entendu, supporter la comparaison
avec nos *bébés* actuels ; on en trouve une assez
curieuse reproduction dans le *Magasin pittoresque*[2]. La tête, faite en bois, rappelle le type
qui s'est si longtemps conservé, et que l'on
retrouve encore dans les bustes de carton à
l'usage des modistes ; elle est couverte d'une
fine perruque tressée en bandeaux. Le nez est
tout à fait rudimentaire, les yeux sont large-
ment accusés par des traits noirs, les joues
sont teintées de vermillon, la bouche, petite
et en forme de cerise, est peinte au carmin.

Le même recueil a donné[3] quelques extraits
d'un très rare volume publié à Paris en 1587
et qui a pour titre : *Les trente-six figures, contenant tous les jeux qui se peuvent jamais inventer et représenter par les enfans, tant garsons
que filles, depuis le berceau jusques en l'aage
viril. Avec les amples significations desdites
figures mises au pied de chacune d'icelles en vers
françois. Le tout nouvellement mis en lumière et
dirigé par ordre.* Des gravures, assez grossiè-

---

[1] Comte de Laborde, *Notice des émaux*, glossaire, p. 387
et 465.

[2] Année 1882, p. 44.

[3] Année 1847, p. 67.

rement exécutées, accompagnent, en effet, un
texte versifié dont voici le début :

Jeunes enfans grandelets tant soit peu
Sont amusez toujours à quelque jeu.
Les uns s'en vont pour les papillons prendre ;
Aultres au vent rourent [1] le moulinet ;
Aultres aussi, d'un maintien sotinet,
Contre le mur vont les mouches attendre.
Un peu plus grands, d'une façon nouvelle,
Ils font tourner la gente crecerelle [2],
Courent, dispos, sur un cheval de bois...

Presque tous les jeux ainsi décrits étaient
en usage depuis longtemps.

Une farce un peu leste, racontée par Étienne
Tabourot [3], nous montre que l'on connaissait
déjà les figures de diable sortant subitement
d'une boîte dont il soulève le couvercle avec
la tête [4].

Notre poussah était connu aussi, et s'appelait *bilboquet de sureau*. Gros-Guillaume, cher-
chant ce qu'il pourrait offrir à Perrine pour
ses étrennes, lui dit : « De te donner une pirouette de bois [5], un bilboquet de sureau, une

---

[1] Font tourner.
[2] Crecelle.
[3] Mort en 1590.
[4] *Escraignes Dijonnoises,* édit. de 1628, liv. I, chap. xv,
p. 15.
[5] Une sorte de toton, sans doute.

poupée de plâtre, un chiflet [1] de terre et un
demy-seinct de plomb [2], rien de tout cela, car
tu n'es plus une enfant [3]. » M. Édouard Fournier, qui a cité ce passage, a cru par erreur
qu'il s'agissait ici de notre bilboquet clas-
sique.

Ce dernier est mentionné, sous le nom de
billeboucquet, parmi les jeux de Gargantua [4].
Il eut son heure de gloire sous Henri III, à
qui aucune extravagance ne fut étrangère [5].
« En ce temps, écrit Lestoile, le Roy commença de porter un billeboquet à la main, mesmes allant par les rues, et s'en jouoit comme
font les petits enfans. Et, à son imitation, les
ducs Desparnon et de Joieuse et plusieurs
autres courtisans s'en accommodoient, qui
estoient en ce suivis des gentilshommes,
pages, laquais et jeunes gens de toutes sortes [6]. »

Disons tout de suite que, bientôt abandonné
aux enfants, le bilboquet reprit faveur vers la
fin du règne de Louis XV. Le marquis de

[1] Un sifflet.
[2] Voy. *Les magasins de nouveautés,* t. II, p. 198.
[3] *Les étrennes de Gros-Guillaume à Perrine* [vers 1605].
Dans Éd. Fournier, *Variétés littéraires,* t. IV, p. 231.
[4] Livre I, chap. XXII.
[5] Voy. *Les magasins de nouveautés,* t. II, p. 145 et suiv.
[6] *Journal de Henri III,* août 1585, édit. de 1875, t. II,
p. 208.

Bièvre, le héros du calembour, fut aussi celui
du bilboquet. Peu d'années avant la Révolution, un magasin de tabletterie situé rue des
Arcis, à l'enseigne du Singe vert, avait la spécialité des plus beaux bilboquets en bois et en
ivoire[1].

Parvenus aux premières années du dix-septième siècle, nous rencontrons un guide très
sûr dans le *Journal* tenu par le médecin Héroard[2]. Il y raconte, jour par jour, on pourrait presque dire heure par heure, la vie du
jeune prince qui devint Louis XIII. Mais la
vie à cet âge n'est guère compliquée, jouets et
jeux y tiennent la plus grande place. En ana-
lysant le livre d'Héroard, il est donc facile de
dresser une liste à peu près complète des
jouets que reçut et des jeux auxquels se livra le
petit Dauphin depuis son enfance. Rien ne sau-
rait donner une idée plus exacte de ce que furent
les uns et les autres au début du dix-septième
siècle. Constatons-le en passant, l'on peut
hardiment conclure du silence d'Héroard que
l'anecdote célèbre qui nous représente
Henri IV promenant sur son dos le Dauphin
par la chambre est tout à fait apocryphe.

---

[1] *Encyclopédie méthodique*, Dictionn. des jeux, p. 22.
[2] Voy. ci-dessus, p. 133.

JOUETS [1]

Année 1602

Une épée.

Un tambour.

Une petite bague ornée d'une turquoise.

Année 1603

Des armes complètes de la hauteur d'un demi-pied [2].

Un sabot [3].

Un carrosse, où il y avoit quatre poupées ; l'une représentoit la reine, les autres Mme et Mlle de Guise [4] et Mme de Guiercheville [5].

Un violon.

Une épée, une lance et une paire d'armes complètes.

Année 1604

Un jeu d'échecs en argent.

Un petit carrosse plein de poupées.

Un petit canon.

Un petit carrosse et une charrette.

Une paire d'éperons.

Un hausse-col.

Une petite arquebuse et son fourniment.

Une arquebuse d'un pied et demi de long.

---

[1] Louis XIII était né le 27 septembre 1601.

[2] Données par la duchesse de Bar, sœur du roi.

[3] Une toupie.

[4] Devenue princesse de Conti. Amie intime de la reine

[5] Dame d'honneur de la reine.

De petits marmousets de poterie [1].

Une trompe de chasse.

Un tambour et ses baguettes.

Un ballon.

Un pigeon ayant des ailes de toile d'argent.

ANNÉE 1605

Un petit panier d'argent.

Un lévrier nain, de couleur noire, nommé Charbon.

Un cheval et un marmouset de poterie.

Un petit puits d'argent.

Un petit ménage d'argent.

Un petit homme de carte plâtrée.

Une arbalète.

Un marmouset à cheval, tenant une laisse de lévriers.

Un petit ménage de plomb.

Une fontaine de bois.

Un petit singe de poterie.

De petites tenailles.

Des objets venus de la Chine.

Des petits chiens de verre et autres animaux faits à Nevers.

Un Suisse fait de poterie.

Un mousquet dans un fourreau de velours vert et une bandoulière brodée d'or et d'argent.

De petits jouets d'Allemagne.

Un petit cabinet d'ébène.

---

[1] Il y avait alors à Fontainebleau une fabrique de poteries, où se continuait la tradition de Bernard Palissy, et où l'on imitait les ouvrages du célèbre potier.

Un petit coffret d'argent.

Un pistolet.

Un portrait du roi fait en cire, dans une boite d'ivoire.

Un petit lion et un homme de poterie.

Un cadenas à lettres [1].

ANNÉE 1606

Une montre et deux petits couteaux.

Trois piques de Biscaye, non ferrées.

Une poupée représentant un petit gentilhomme très bien habillé.

Un petit réchaud et une petite écuelle de fayence.

Un bracelet d'ivoire à tirer de l'arc.

Un petit canon d'argent [2].

Un trompette turc à cheval.

Un œuf de marbre.

Des poules et un renard d'ivoire.

Une petite grenouille artificielle.

Une petite fontaine en verre [3].

Un cheval noir et un gendarme dessus.

Un petit arc et des flèches.

---

[1] Les cadenas à lettres étaient encore assez rares au commencement du dix-septième siècle. Lestoile mentionne ce qui suit, dans son *Journal*, à la date du 6 septembre 1606 : « M. D. L. m'a donné ung petit cadenas qui ne se peult ouvrir ni fermer que par quatre lettres, qui sont A. M. O. R., qui font AMOR, lesquelles sont gravées, avec plusieurs autres audit cadenas. »

[2] Donné par Sully, qui venait de lui faire visiter l'Arsenal.

[3] Elle lui fut donnée « par les verriers de la verrerie de Saint-Germain des Prés. »

Un sifflet d'ivoire.

Un chapelet de corail.

Une écharpe de gaze d'or et d'argent, où pendoit un poignard à l'antique.

Un beau canon.

Une sarbacane de verre.

Un chien barbet, nommé Lion.

Une meute de chiens [1].

Année 1607

Une coupe d'argent doré.

Une arbalète à jalet.

Un arc et un trousseau de flèches.

Deux petits pistolets.

Un petit canon [2].

Un petit pot de chambre d'argent.

Des outils de menuisier.

Des balances.

Une escopette.

Deux beaux chiens barbets [3].

Un petit navire.

Année 1608

Un bénitier d'argent.

Un petit carrosse marchant par ressorts.

Une petite truelle de maçon et une auge d'argent.

Un petit navire d'argent doré.

De petites pièces de poteries. C'étoient des petits

---

[1] Don du prince de Galles.

[2] Don de sa mère.

[3] Don du prince de Galles.

chiens, des renards, des blaireaux, des bœufs, des
vaches, des écurieux [1], des anges jouant de la mu-
sette et de la flûte, des vielleurs, des chiens couchés,
des moutons, un assez grand chien, un dauphin,
un capucin.

Un instrument fait à Nuremberg, en forme de
cabinet, où il y avoit grand nombre de personnages faisant diverses actions par le mouvement du
sable au lieu de l'eau.

Une petite guilledine [2].

Un petit sifflet d'ivoire.

Une horloge de sable [3].

Une paire de couteaux et leur gaine.

Deux étuis à barbier.

Une petite charrette.

Année 1609

Un petit mulet.

Une petite montre couverte de diamants [4].

Une petite haquenée baie.

Un poignard garni de rubis.

Un échiquier où les carrés étoient d'ambre jaune
et au-dessus les rois de France en ivoire.

Année 1610

Une petite galère qui marchoit par ressorts et
dont les hommes voguoient par mêmes moyens.

Deux pleins bassins de petits gants d'Espagne.

Un caméléon.

---

[1] Des écureuils.
[2] Un cheval hongre.
[3] Un sablier.
[4] Don de sa mère.

Année 1611

Un bidet noir.

Des armes complètes.

Un chameau.

Une chèvre.

Année 1612

Un coffre de jaspe [1].

Vingt-quatre peaux de senteur et cinquante paires de gants [2].

Année 1613

Un échiquier d'ambre jaune.

Année 1614

Un arc du Brésil et six flèches.

Un petit mulet.

Année 1618

Six chevaux et une meute de quarante chiens [3].

JEUX

Année 1602

Il jargonne, danse au violon de Boileau, son joueur de violon.

On lui met son épée au côté et son chapeau en tête, qu'il enfonce en mauvais garçon. Il bat fort et ferme le tambour avec les deux baguettes.

Année 1603

Il s'essaye à fouetter un sabot. Mange et avale du canard, première viande qu'il ait mangée.

---

[1] Don de sa mère.

[2] Don de l'ambassadeur d'Espagne.

[3] Don de la reine d'Angleterre.

Il joue au palemail [1].

Il se joue de son tambourin, bat la batterie des Suisses.

Il bat, sur la table du Roi, la françoise et la suisse sur les vaisselles; trouve son tabourin, recommence ses batteries.

Mené au cabinet du Roi, il danse au son du violon toutes sortes de danses.

Année 1604

A sept heures, déjeuné, fort gai, contrefait souvent l'ivrogne.

Il est toujours avec les soldats, fait mettre le feu à un pétard.

Il fait de petites actions militaires avec ses soldats [2]. M. de Marsan lui met le hausse-col, le premier qu'il ait mis.

Il demande son hausse-col et toutes ses armes, les prend, les considère, s'en joue, en est ravi.

Il s'arme pour aller au-devant de M. de Rosny [3] avec sa pique.

Le Roi le mène éveiller la Reine, puis de là en la cour de la fontaine, lui fait voir les jardins [4] et canaux, carpes, leur donne du pain, canes, cygnes, faisans et l'autruche.

Il saute devant le Roi pardessus un petit bâton mis à terre.

Mené au jardin et de là au chenil voir faire la

---

[1] Au mail.
[2] Ses soldats de poterie.
[3] Sully.
[4] La Cour était alors à Fontainebleau.

curée du cerf que le Roi venoit de prendre. Il oit
les cors sans s'étonner, voit venir la meute jusques
à ses pieds où se faisoit la curée, les voit sur le
carreau avec une assurance étrange.

Il regarde, par la fenêtre de la salle, un Espagnol qui voloit [1] sur la corde. On lui dit que c'étoit
un Espagnol, il répond : « C'est donc un ennemi. »

Mené au jardin et monté sur un chariot pour
voir courir des chiens terriers contre une laie à
demi morte.

Il se fait botter et éperonner, met en écharpe
son épée et marche en cavalier résolu.

Il s'amuse à ranger en soldats ses petits marmousets de poterie.

Il se joue, discourt et raille avec Madame sa
sœur ; ce n'est que soudars et armes.

Il danse dans sa chaise en mangeant, oyant jouer
le sieur Jean Jacques, violon de la Reine, qui jouoit
la sarabande, les branles gais et autres semblables
qu'il aimoit.

Mené au jardin, au Roi, il va à lui les bras ou-
verts, tire son épée et montre au Roi qu'il sait s'en
aider [2] contre les palissades.

Il s'amuse à couper du papier avec des ciseaux.

Le Roi arrive de souper ; le Dauphin danse
toutes danses, parfois va baiser le Roi qui l'appelle,
puis reprend la danse.

Année 1605

Il va à la galerie, s'amuse aux outils du menui-

---

[1] Voltigeait.
[2] S'en servir.

sier qui posait les châssis de verre. On lui en
nomme quelques-uns. Je lui demandai : « Monsieur, comment s'appelle cela? — Une varloppe.
— Et cela ? — C'est un Guillaume [1]. » Il retenoit
extrêmement bien les noms propres des choses.

Il s'amuse à tourner le rouet de la chambrière de
Melle Piolant. M. de Frontenac lui dit qu'il devien-
droit fille : il quitte le rouet.

Il brûle de la poudre pour la première fois.

Il se fait habiller en mascarade.

Il s'amuse à chanter et à jouer sur la mandore de
Boileau, qui en jouoit; il chante la chanson de
Robin :

> Robin s'en va à Tours
> Acheter du velours
> Pour faire un casaquin.
> Ma mère, je veux Robin.

Après déjeuner, il fait trois sauts : un pour papa,
un pour maman, et un petit pour Madame.

Il me fait redire les mêmes contes que je lui
avois faits le matin du jour précédent. Il y prenoit
un grand plaisir, les écoutoit attentivement, et il
lui prenoit des tressaillemens de courage quand
j'étois sur les combats.

Il fait danser des Limousins, maçons qui travail-
loient à la muraille du parc [2].

Il s'amuse à faire battre le tambour du sieur de
Mainville, capitaine aux gardes, lui fait battre les

---

[1] On nomme ainsi une sorte de rabot employé surtout
pour les feuillures.
[2] A Saint-Germain.

batteries espagnole, anglaise, wallonne, italienne, piémontoise, lombarde, allemande, turque, moresque, écossoise, puis la françoise, une chamade, un assaut.

Il s'amuse à monter la montre triangulaire[1] de Mme de Montglat, la monte fort bien.

Tout le long du dîner, il est transporté et comme ravi de la musique des violons du Roi, qui étoient quinze, auxquels, pour la fin, il commanda de jouer *la guerre*.

A dîner, il mange sans dire mot, comme transporté de joie d'ouïr jouer un flageolet d'un estropié que l'on nommoit cul-de-jatte.

Il s'amuse à crayonner de rouge, fait des figures d'oiseaux.

Il va sur la terrasse de la salle, pour voir l'éclipse de soleil dans une chaudière pleine d'eau.

Il court en la galerie[2], va le long des lambris, feignant de cueillir des raisins qui y sont en peinture.

Il s'amuse à mettre un carreau[3] dans une taie d'oreiller, le met sur son col, comme le lavandier[4] faisoit le linge sale.

Prend plaisir à regarder des images.

Il danse devant le Roi la bourrée, où il compose des grimaces, la sarabande, la gavotte, les remariés et plusieurs autres danses.

---

[1] Voy. *La mesure du temps.*
[2] A Saint-Germain.
[3] Un coussin.
[4] Le blanchisseur.

Il se joue avec un lévrier nain noir, que M. de Longueville lui avoit envoyé.

Il s'amuse à un chien d'Ostreland. Il aimoit fort les chiens.

Il joue au jeu : *Que met-on au corbillon?* Il invente des mots pour rimer : *Dauphillon, damoisillon.*

Amusé à chanter le pot pourri des chansons.

Il s'amuse à un livre des figures de la Bible.

Il se joue à coigner des clous sur un vieux placet [1].

Mené le long de l'eau, il s'amuse à jeter du papier dans l'eau en guise de bateaux.

Il s'amuse à peindre sur du papier.

Il tire d'une petite arbalète, monte sur le cheval du petit Lauzun.

Il s'amuse dans son lit à une boîte de petites quilles à pirouette.

Il s'amuse sur une petite planche à imiter le sieur Francisco, que le jour précédent il avoit vu travailler en cire à faire des modèles de figures.

Il se fait donner un pinceau, demande de la peinture, de la bleue qu'il aimoit naturellement et qu'il avoit toujours aimée.

Il va en la chambre de sa nourrice, où il épluche de l'oseille et du persil.

Il s'amuse à voir travailler les maçons qui raccoustroient son âtre.

A sept heures levé, vêtu, il aide lui-même à démonter son lit [2].

---

[1] Un tabouret.

[2] On alloit quitter Saint-Germain pour rentrer à Paris. Les

Il va en la galerie [1], où il court un renard avec les chiens du Roi.

Mené en carrosse au Pecq, il s'amuse à voir pêcher du poisson, s'en fait donner des petits qu'il met dans la pelle creuse du batelier, où il y avoit de l'eau.

Il s'amuse à ouvrir et refermer un cadenas à lettres.

Mme de Montglat le fait jouer au hère [2]; ce fut la première fois qu'il joua aux cartes.

Année 1606

Il coupe des cartes avec des ciseaux.

Il joue du clavecin.

Il se fait habiller en masque et va danser un ballet.

Il fait porter son écritoire à la salle à manger, pour écrire. Il dit : « Je pose mon exemple, je m'en vas à l'école. »

Il s'amuse à une vaisselle de poterie, où il y avoit des serpens et des lézards représentés, y fait mettre de l'eau pour les représenter mouvans.

Il se fait armer, prend sa pique et sort dans la cour.

châteaux ne restaient pas meublés de manière à être habités. Chaque fois que la Cour se déplaçait, on était ainsi obligé de transporter les objets les plus indispensables.

[1] Au Louvre.

[2] « Jeu de cartes où l'on ne donne qu'une carte à chaque personne. On peut la changer contre son voisin pourvu qu'il n'ait pas un roi, et celui à qui la plus basse carte demeure perd le coup. » *Dictionnaire de Trévoux.*

Mené au jardin, il fait attacher son canon d'argent avec un jarretier [1] et le jarretier au derrière de la ceinture de son tablier, et se promène, le faisant rouler après soi.

Il fait faire dans la galerie un fort de briques, dans lequel il fait loger toutes les armes qui étoient dans son armoire.

Il ne veut pas déjeuner qu'il n'ait tiré une harquebusade. Il se fait mettre de la poudre dans sa harquebuse à mèche; puis, sur la terrasse de sa chambre, avec un petit bâton au bout duquel il y avoit de la mèche, il y met le feu.

Il va mettre le feu au bûcher de la Saint-Jean, en la basse cour.

Il s'amuse à jouer de son petit sifflet d'ivoire, et à entendre des contes de maître Guillaume [2].

Il s'amuse à faire une tour avec de la brique, trouve un ais, dit qu'il en faut faire un pont-levis, commande d'aller chez le menuisier qui travailloit aux offices pour avoir un virebrequin [3] afin de faire des trous pour y passer les cordons.

Mené au grand canal [4], il va voir l'autruche, puis les gazelles.

Il s'amuse à griffonner sur un papier, fait un corbeau.

Les pages de la chambre du Roi le font jouer *Aux cloches d'ivoire et le moine dessous*, puis *Aux piliers où l'on demande : « La compagnie vous plaît-elle? »*

---

[1] Une jarretière.
[2] Fou du roi.
[3] Sic.
[4] A Fontainebleau.

Les pages de la chambre du Roi le font jouer à *La compagnie vous plaît-elle?* puis à *Bis cum bis*. Il joue à faire allumer la chandelle les yeux bouchés.

Les pages de la chambre dansent le branle. *Ils sont à Saint-Jean des Choux*, et se donnent du pied au c... Il le dansoit et faisoit comme eux.

Mené au cabinet de la Reine où il s'amuse à jouer aux cartes, au hoc [1]. Le petit More [2] l'appelle coquin; il lui jette ses cartes au visage.

Il s'amuse à faire des châteaux de cartes.

Mené aux jardins des canaux, il va voir les autruches, et après va voir manier [3] la petite mule de M. de Roquelaure, qui passoit dans un cercle, sautoit sur un bâton, se mettoit à genoux, marchoit avec un singe dessus.

Il joue au ballon, du poing. M. de Bassompierre le lui avoit donné.

Il commence à apprendre à danser, apprenant la sarabande, le branle gai.

Il joue *Aux poules pour enfermer le renard.*

Il joue aux barres et entend le jeu et les termes du jeu.

Il s'amuse à mettre en bataille, file à file, toute sa compagnie de poterie, et le Daulphin [4] étoit à la tête.

---

[1] Jeu qui tenait du piquet, du brelan et de la séquence.
[2] Nain de la reine.
[3] Dresser.
[4] Une figurine qui le représentait ou qu'il désignait sous son nom.

Il s'amuse avec de l'encre et une plume à faire des oiseaux.

Il joue à trois dés.

Il joue au jeu *Je vous éveille*, et ne s'éveille que pour le Roi et pour la Reine.

Il joue à divers jeux, comme *Votre place me plaît*, à *Burlurette*, à *Frappe-mains*.

Il se joue à un petit chien que le Roi lui avoit prêté.

Il s'amuse à faire le messager de Fontainebleau [1], qui portoit de la marchandise à Paris.

ANNÉE 1607

Il se joue à remuer ménage et à transporter les meubles.

Il joue à la balle à la raquette.

Il danse *Ils sont à Saint-Jean des Choux*, frappant du pied sur le c.. de ses voisins.

Il se fait habiller en fille et coiffer d'un chaperon de sa nourrice.

Il joue à la paume avec le Roi.

Il se fait habiller en chambrière picarde, masquée, se fait nommer Louise.

Il se fait habiller en bergère.

Il va se jouer sur le tapis de pied, étendu parmi la chambre, feignant que le tapis fût la mer.

Il va à la salle de bal, où il avoit fait venir deux épousées du village, les regardé danser, se moque de leur danse.

On l'amuse à voir nettoyer un pourceau. Quand

---

[1] La Cour était alors à Fontainebleau.

le boucher le voulut éventrer, il s'en alla, et ne le y sut-on arrêter.

Il dessine un jardin carré, l'ordonne, y fait planter des choux, arrache lui-même des troncs et les y porte.

Il s'amuse à remuer terre et bois pour faire un jardin et un pont.

Il envoie quérir deux renardeaux, pour les faire courir en la galerie par son chien Pataut.

Il s'amuse avec de la cire à faire un visage, pendant que M. Dupré, statuaire du Roi, le tire pour en faire une médaille.

Il s'amuse à voir des cages où des poules avoient couvé des faisandeaux. Il n'en pouvoit partir.

Il s'amuse à faire paver l'allée d'une maison qu'il avoit faite les jours auparavant, y travaille et apporte lui-même ce qu'il faut. On ne l'en peut tirer jusques à ce que je lui dis qu'il falloit que les ouvriers allassent dîner.

A quatre heures et demie, il entre en carrosse pour aller à la chasse [1] : c'est la première fois. Il est mené aux environs du moulin de pierre allant vers Versailles [2], voit prendre près de lui un levraut avec deux lévriers, puis deux perdreaux, dont un pris par son épervier.

Mis au lit, il me commande de lui montrer ma

[1] La Cour était alors à Noisy.

[2] C'est là qu'il fit plus tard bâtir (à l'angle actuel de la rue de la Pompe et de l'avenue de Saint-Cloud) un rendez-vous de chasse. En 1627, il commença le petit château qui forme aujourd'hui la partie centrale du palais.

montre, de monter la sonnerie, demande raison des mouvemens, veut savoir tout.

. Il visite son jardin, où il avoit semé des pois et des fèves.

Il fait mener ses petits tombereaulx, remuer et transporter de la terre, ordonne, commande, se fait appeler maître Louis.

Il s'amuse à ses outils de menuiserie.

Il va à la chambre de la Reine, où il fait faire du feu et y mettre sa petite marmite, dans laquelle il met du mouton, du lard, du bœuf et des choux.

Il s'amuse à crayonner avec du rouge, fait proprement et dextrement.

Il s'amuse à cueillir des herbes pour faire un potage, et se met à faire son potage.

Il s'amuse dans sa chambre à divers jeux, *A Sainte-Catherine où l'on traîne.*

Il danse fort bien son ballet des Lanterniers. Mené à la noce de la fille du concierge [1], il y a dansé.

Année 1608

Il s'amuse à ses canons, puis à une cassolette.

Il envoie quérir la grande horloge, où étoit le cours de la lune, la fait monter, y prend plaisir.

Il joue aux métiers, en invente de nouveaux. « Soyons, dit-il, coupeurs de bourses. »

Il joue aux jonchets avec sa nourrice. Il se fâche quand elle gagne.

Il va en la cour voir courir un renard.

---

[1] Du château de Noisy.

Il s'amuse à polir et travailler un visage en cire.

Il va en son petit jardin, s'amuse à bêcher, baille des outils à d'autres, leur disant : « Travaillez, ou je vous battrai. »

Il fait courir ses chiens après Robert, le singe du Roi.

Il va en la basse cour [1], y fait tirer des fusées ; puis à huit heures et demie il met le feu au bûcher de la Saint-Jean.

Il essaye à ses chiens, Pataut et Lion, des harnois que M. Conchino lui avoit donnés, pour leur faire tirer son petit carrosse.

Il demande ses armes, mousquet, bandoulière et tout l'équipage, fait armer toute sa compagnie, y joignant plusieurs pages de la petite écurie, marche ainsi sur la terrasse, le tambour battant, et va à la salle de bal.

Il va en la galerie, fait brûler de la poudre, se jette dans la fumée pour la humer, dit que cette odeur lui plaît.

Il va à la chasse, voit tuer un sanglier.

Il envoie quérir ses bottes et ses éperons dorés, se fait botter, monte à cheval sur des tabourets, sur tout ce qu'il peut.

Il s'amuse à peindre.

Il s'amuse avec ses chevaux et ses charrettes de cartes.

Il s'amuse à faire faire des chevaux de cartes par son tailleur ; lui, avec la plume et l'encre, leur fait les yeux, le crin, la queue.

---

[1] A Fontainebleau.

D'après Jacques Cats. Dix-septième siècle.

Va, avec son arc, tirer aux petits oiseaux.

Il s'amuse, avec plume et encre, à faire des maisons sur le papier.

Il s'amuse lui-même à démonter son lit, va voir charger les mulets [1].

Il prend une lime, s'amuse à limer une clef attachée à un petit étau.

Année 1609

Il va à sa peinture, copie en huile le portrait du Roi.

Il va voir la verrerie au faubourg Saint-Germain. Il y fait faire des verres, des paniers, des cornets.

Mené en la grande galerie [2], où il s'amuse à voir des carreleurs, les fait travailler, y aide.

Il est mené à Essonne, va voir le moulin à polir les diamans, puis celui à papier, y fait lui-même six feuilles à papier, fort bien.

Il s'amuse en sa chambre à raboter des ais; il y avoit des menuisiers.

Il s'amuse à peindre un carrosse à six chevaux, avec l'encre et la plume.

Mené promener; il fait tirer par son petit mulet sa petite charrette.

Il s'apprend à dire en musique l'appel des chiens.

Il va tirer des armes.

Mené sur le pont, voir tous les engins de la pompe de la Samaritaine. Puis il va au jardin du Palais.

[1] La Cour quittait Fontainebleau pour aller à Saint-Germain.
[2] Du Louvre.

Botté et éperonné, il est mené en carrosse aux Chartreux; y monte sur sa petite haquenée, dans le clos [1].

Il est mené en l'hôtel de Nemours [2], pour y voir un cabinet d'antiques, puis va à l'abbaye Saint-Germain des Prés.

Mené aux Tuileries et aux Chartreux. Ramené au jardin du Louvre, il y cueille lui-même une douzaine d'asperges.

Étudié, écrit, dansé, tiré des armes, joué à la paume. Il change de chemise, étant forcé par M. de Souvré [3] qui le frappe du gant. Il s'en pique étrangement. M. de Souvré lui remontre, et lui dit qu'il ne veut rien faire ne croire de tout ce qu'il lui dit. Il lui répond en colère : « Non, je ne crois pas tout ce que vous me dites ne ce que vous me direz. »

Mené à la messe à Saint-Maur. Puis il s'amuse à abattre des noix avec une balle, à coups de raquette.

Mené au grand canal [4], pour y voir une petite galère qui avoit été faite pour l'y mettre.

Mené en carrosse au faubourg Saint-Victor, au jardin du sieur de la Tour. Il y court des lièvres.

Il s'amuse à faire copier une chanson d'amour et à marquer la note de l'air.

Il compose et écrit des vers amoureux, marque la note de l'air.

---

[1] Il fait partie aujourd'hui du jardin du Luxembourg.

[2] Dans la rue Pavée-d'Andouilles, aujourd'hui rue Séguier. Voy. le plan de Gomboust.

[3] Son précepteur.

[4] A Fontainebleau.

Il se joue à tirer par le cordage un petit canon, y met ses gentilshommes deux à deux et se met au premier rang. Va ainsi de chambre en chambre.

Il joue aux dames.

Il va au jeu de paume, où il joue en partie.

Il s'en va à la laiterie de Madame, aide à faire le beurre.

Il s'amuse à jouer aux cartes.

Il joue en son cabinet, avec ses petits gentils-hommes, *A croix et à pile, A trois dés, tope, masse.*

Année 1610

Il se joue aux échecs. M. de la Boissière lui veut représenter un coup qu'il jouoit mal ; il prend le roi, le lui jette à la tête. M. de Souvré l'en tance, le va dire au Roi et à la Reine, qui le condamnent au fouet.

Étudié, écrit, tiré des armes, dansé [1].

Il s'amuse à faire à terre, dans son cabinet, un dessin de forteresse carrée et de tours rondes aux coins, tire l'alignement avec un carreau de velours dont il se sert comme règle et avec du charbon.

Il va à cheval à la chasse au parc de Madrid.

Mené en carrosse à la Savonnerie [2], où il a goûté.

Mené en carrosse à l'hôtel du Luxembourg, et de là à cheval chez la reine Marguerite.

Il s'amuse à faire travailler des garçons de sa chambre à enfiler des verres de couleur en façon

---

[1] Cette mention devient très fréquente.

[2] Manufacture de tapis qui, d'abord établie au Louvre, venait d'être transférée à Chaillot (quai de Billy.)

de broderie, pour en faire des colliers à ses chiens.

Il voit jouer un joueur de marionnettes.

Il voit un carrousel en la cour du Louvre.

Il se joue avec de petites ballottes, qu'il fait rouler le long du canal de son bougeoir, disant que ce sont des soldats.

Il se joue à ses petits canons.

[ASSASSINAT DE HENRI IV. LOUIS XIII EST PROCLAMÉ ROI].

Amusé à fondre du plomb.

Il se fait tirer par deux valets de pied dans un petit carrosse à bras, puis y fait atteler deux de se bidets.

Mené à cinq heures au Pré-aux-Clercs, pour y courir un chat à force de cheval.

Il fait manger son potage à son perroquet jaune.

Passe le temps à faire semblant de marier son nain Dumont à Marine, naine de la Reine; fait apporter un contrat et y écrit.

Il fait jeter une cane dans le canal, aux Tuileries, y met son petit chien Gayan après.

Il envoie quérir ses petits hommes de plomb; en dresse des escadrons sur la table percée.

Il s'amuse à mettre en diverses figures de bataillons ses hommes de plomb.

[IL EST SACRÉ A REIMS.]

Il s'amuse à dresser des bataillons avec ses hommes de plomb, puis à faire des engins de cartes.

Il se met dans son petit carrosse et le fait tirer par deux de ses dogues.

Il donne à manger à ses petits oiseaux.

Il joue au volant.

Il joue *à la poule*, jeu de cartes, avec la Reine.

Il se fait donner des cartes et des ciseaux, et les coupe en diverses façons.

Il fait courir par ses petits chiens un lièvre dans sa chambre.

Il est mené en carrosse à la Roquette, où il court un cerf privé.

Il joue aux cartes, *au reversis*.

Année 1611

Il s'amuse à tirer un petit canon, qu'il a chargé de ses carreaux de velours, se met seul dans le timon et tire.

Il s'amuse à voir des sauteurs et joueurs de marionnettes.

Il joue à la mouche.

Joué à cachette.

Il s'amuse à tirer contre un chardonneret que l'on lui avoit apporté en sa chambre avec son arbalète, le frappe en l'aile par deux fois.

Mis au lit, il se fait apporter ses petits moines de poterie, s'amuse à leur faire des capuchons, les taille, les coud dextrement.

Il s'amuse à jouer au trictrac.

Après souper, il va chez la Reine, joue à colin-maillard, y fait jouer la Reine et les princesses et dames.

Après dîner, il joue à *Je m'assieds*.

A sept heures et demie baigné. Il fait porter des

petits bateaux, les fait voguer, les charge de roses rouges qui étaient éparses sur le bain.

· Il joue en soupant à *Je vous prends en ce point,* avec ses gentilshommes servans et autres de ses officiers; et à la fin *Je vous prends tous en ce point,* M. d'Elbeuf le y prend en buvant. Un de ses petits gentilshommes l'en ôta [1].

Mené au vieux château [2] où fut représentée sur le théâtre tout accommodé la tragi-comédie de *Bradamante.*

Il se fait apporter ses marmousets d'argent, les range sur son lit, dit que c'est la foire Saint-Germain, que ce sont marchandises qui viennent d'Allemagne, de la Chine.

Il s'amuse à acheter des petits conteaux d'un petit mercier, pour donner aux femmes et filles de la Reine.

Mis au lit, il se fait porter sa caille privée, lui donne de la mangeaille.

A souper, il se joue d'une balle, que lui-même fait trouver dans son couvert, puis dans son pain, puis dans un plat, par habileté.

Il fait courir devant lui un chameau que M. de Nevers lui avoit donné.

Il se joue à son lapin et à ses deux petits chiens Tinton et Mourac, et à limer du fer.

Il fait prendre des oiseaux à la glu.

---

[1] Les enfants disent aujourd'hui *jouer à la position,* parce que la règle est de garder la position dans laquelle on est surpris.

[2] A Saint-Germain.

Il s'amuse à clouer les tapis du pied de son lit avec le tapissier.

Il s'amuse à tirer aux petits oiseaux à la harquebuse.

Il tue de son harquebuse une alouette, puis un roitelet.

Il joue au billard.

Il va jouer aux Tuileries, y fait voler ses émerillons.

Année 1612

Il s'amuse à tailler des doublures de toile pour les chausses de son Robert [1], les coud, et lui taille aussi des manches de taffetas.

Il prend plaisir à voir sauter son Robert tenant un petit chien, lui fait donner à dîner de ce qu'il avoit fait préparer lui-même dans ses plats d'ivoire. Il taille des habits pour son Robert, y travaille lui-même, il les dessine.

Mené à Issy, au jardin de la reine Marguerite, il pêche à la ligne.

Il fait des chaperons à ses pies-grièches avec du cuir rouge.

Mademoiselle de Vendôme et lui s'amusent à faire des confitures.

Il va chez la Reine, où il voit danser sur la corde une petite fille de cinq ans.

Il s'amuse à faire des gâteaux au beurre chez Madame et avec elle.

Il joue à l'oie.

[1] Son singe.

Année 1613

Il s'amuse chez Madame à faire des laits d'amandes, des massepains.

Il va à Bagnolet. Il s'amuse à imprimer aux presses d'imprimerie qu'y avoit le cardinal du Perron, à qui étoit la maison.

Il voit jouer des artifices à feu, faits sur la tour de Nesle, par Jumeau, l'un de ses artilleurs.

Année 1614

Il va chez la Reine, puis au cabinet des livres, où il fait venir un jeune homme allemand, excellent tourneur ; fait dresser un tour, y travaille.

Il s'amuse à tourner des petites pièces d'ivoire. Fait des vases.

Il s'amuse à monter des horloges, à faire prendre feu à la poudre.

Il joue au trictrac.

Il joue au piquet.

Après dîner, il va en sa chambre, y fait monter un fort petit mulet qu'on lui avoit donné, fait porter de l'avoine et lui en donne lui-même.

Il va chez la Reine, et à dix heures monte à cheval pour aller à la cour du Parlement, pour se déclarer majeur [1], où il prononça hautement et fermement les paroles suivantes : « Messieurs, étant parvenu en l'âge de majorité, j'ai voulu venir en ce lieu pour vous faire entendre que j'entends gouverner mon royaume par bon conseil, avec piété et justice. J'attends de tous mes sujets le respect et

_____
[1] Le 2 octobre.

l'obéissance qui est due à la puissance souveraine et à l'autorité royale que Dieu m'a mise en main; ils doivent aussi espérer de moi la protection et les grâces qu'on peut attendre d'un bon roi... » Il revient en carrosse à trois heures et demie. Il se fait apporter des petits jouets, s'amuse à peindre sur des fonds de boîtes de sapin.

Il met M. le comte de La Rocheguyon à la porte pour huissier, et lui se fait porter des œufs, ayant été auparavant au poulailler pour en prendre. Se prend à faire des œufs perdus et des œufs pochés au beurre noir et des durs hachés avec du lard, de son invention. M. de Frontenac, premier maître-d'hôtel, fait une omelette...

Joue à cligne-musette avec les sieurs de Termes, de Courtenvaux, premier gentilhomme de la chambre, et les sieurs comtes de La Rochefoucauld, maître de la garde-robe, et de La Rocheguyon.

Il fait des canons, soudés avec de la cire d'Espagne, les charge de poudre et de papier, y met le feu. Ils tirent sans crever.

Il s'amuse à faire des canons et des châteaux de cartes.

Année 1615

Il va au faubourg Saint-Germain donner de l'eau bénite à la reine Marguerite [1]. MM. de Guise, de Mayenne et d'Elbeuf lui portoient la queue.

Il va au Conseil à trois heures, où vinrent messieurs du Parlement porter quelques remontrances

---

[1] Elle était morte la veille, **27** avril.

par écrit qu'ils avoient à faire. A cinq heures et demie le Conseil fini, il monte à sa forge.

Il court, pour la première fois, la bague sur la place Royale.

Il s'amuse à inventer des trébuchets de cartes, pour prendre les mouches.

Il entre à l'office de son pâtissier [1]. Le trouvant travaillant, il y fait une petite tarte au coing et une autre à la pomme. Prend de la farine et se joue à fariner aucuns des passans.

Année 1616

Il va se promener, faisant tirer à ses chiens d'Artois des petits canons achetés à Tours.

Il dresse une petite collation de confitures sèches pour la Reine, qui le devoit venir voir à deux heures.

Il s'amuse à faire des bataillons de diverses sortes, avec ses petits hommes d'argent.

Il va chez M. de Luynes y faire ripaille.

Il va courir un chevreuil aux Tuileries avec ses petits chiens.

Il va à la foire du Landit, à Saint-Denis.

Il va à la rue de Jouy, chez M. de Fourcy, intendant des bâtimens, où il a goûté. Puis va à Saint-Gervais, où il a posé la première pierre du portail de l'église.

Année 1617

Il s'amuse à dresser une batterie de petits canons qu'il avoit lui-même fondus à sa forge, monte la

---

[1] Le roi était alors à Bordeaux.

garde autour des canons, et fait tout ainsi que s'il
eût été à une armée.

Il va se promener derrière le chenil [1], à travers
les blés et les sables, à pied. Va en carrosse à la
garenne d'Avon, fouiller aux renards et aux blaireaux. De là, fait le tour du parc à pied, revient et
se met dans une nacelle sur l'étang. Il va chez la
Reine, puis se promener.

Il va chez la Reine, fait tirer des fusées dans le
préau, joue aux barres.

Il va aux Tuileries, où il fait courir trois renards
par ses petits chiens. L'on y avoit apporté les
renards.

On a pu remarquer combien sont peu
variés, combien sont simples surtout, les
jouets donnés au Dauphin. Deux ou trois seulement mériteraient une mention spéciale,
encore est-il fort probable qu'ils avaient été
fabriqués à Nuremberg, qui possédait alors la
spécialité des jouets compliqués. Le petit
carrosse et la petite galère « marchans par
ressorts » avaient donc cette origine. Les
jouets de France se distinguaient soit par la
matière employée, l'argent fort souvent, soit
par le luxe apporté dans leur confection.
Ainsi Louis d'Épernon [2], cet étrange cardinal,

---

[1] A Fontainebleau.
[2] Louis de Nogaret d'Épernon, cardinal de Lavalette,
mort en 1639.

qui jeta un beau jour sa robe aux orties, re-
nonça à son archevêché de Toulouse et se fit
soldat, dépensa jusqu'à deux mille écus pour
offrir un jouet à mademoiselle de Bourbon.
C'était tout simplement une poupée, « avec la
chambre, le lict, tout le meuble, la toilette,
et bien des habits à changer[1]. »

Le comte de Brienne, attaché dès sa jeunesse à la personne de Louis XIV enfant,
raconte qu'il lui apportait sans cesse de petits
présents. Il cite dans le nombre : Un canon
d'or traîné par une puce ; une trousse de
chirurgien munie de toutes ses pièces ; « des
cannes et bâtons garnis d'orfèvrerie ; des jeux
de cartes de géographie, de blason et d'histoire, qu'on me faisoit faire exprès, dit-il, par
les plus habiles géographes et historiogra-
phes[2]. » Nous retrouverons tout à l'heure
quelques-uns de ces derniers, lorsque nous
nous occuperons du jeu d'oie.

Brienne nous dit encore qu'en 1650, au
moment où Louis XIV venait d'atteindre sa
douzième année, on commença à l'initier aux
exercices militaires. Dans cette intention, l'on
construisit dans le jardin du Palais-Royal,

[1] Tallemant des Réaux, t. I, p. 175.
[2] Loménie de Brienne, *Mémoires*, t. I, p. 222.

Veüe du fort Royal fait en l'année 1630 dans le Jardin du Palais Cardinal pour le divertissement du R

qu'il habitait alors, un petit fort en terre, où
se livraient de vrais assauts avec de vraie
poudre, puisque Brienne y eut un jour les
sourcils et les cheveux brûlés [1]. Une gravure
d'Israël Silvestre [2] et de mauvais vers du gaze-
tier Loret nous ont aussi conservé le souvenir
de ces exercices :

> Le Roy, pour aprendre la guerre,
> De gazons et motes de terre
> Fait faire un petit fort royal
> Au jardin du Palais-Royal [3].
>
> . . . .
>
> Je vis, jeudy, faire la guerre
> Au fort construit dans le parterre
> Du jardin du Palais-Royal,
> Où le Roy ne fit point trop mal.
> Je le vis avec grand courage
> Aller en personne au fourage,
> Et rentrer, au moins une fois,
> Dans le fort, tout chargé de bois [4].

Mais la direction des sièges ne constitue pas
tout l'art militaire. Un jouet, le plus luxueux
peut-être qui ait jamais existé, fut donné au
roi, pour lui enseigner à faire manœuvrer ses

[1] Tome I, p. 242.
[2] *Veuë du fort royal fait en l'année* 1650, *dans le jardin du palais Cardinal, pour le divertissement du Roy.*
[3] *Muze historique,* 18 décembre 1650.
[4] *Muze historique,* 15 janvier 1651.

troupes. Un très habile sculpteur de Nancy,
Charles Chassel, associé à l'orfèvre N. Merlin,
créa toute une armée d'argent, cavalerie, infanterie, machines de guerre, etc. [1] Chaque
pièce fut exécutée avec une véritable perfection, et l'ensemble, « remplissant une quantité
de boëtes, » coûta cinquante mille écus [2]. »

Je ne sais trop s'il ne faut pas classer
parmi les jouets un automate qui fut construit
pour Louis XIV, déjà vieux, par le savant
P. Truchet. C'était un théâtre sur lequel se
jouait un opéra en cinq actes. Il suffisait de
tirer une petite boule pour animer toute la
machine. Les mouvements des personnages
étaient rendus avec une admirable vérité, et
les décors changeaient d'eux-mêmes quatre
fois au moment voulu.

Cet opéra, écrit Fontenelle qui l'avait vu, recom-
mençoit quatre fois de suite, sans qu'il fût besoin
de remonter les ressorts, et si on vouloit arrêter le
cours d'une représentation à quelque instant que
ce fût, on le pouvoit par le moyen d'une détente
cachée dans la bordure; on avoit aussitôt un tableau
ordinaire et fixe; et si on retouchoit la petite boule,
tout reprenoit où il avoit fini. Ce tableau, long de

---

[1] D. Calmet, *Histoire des hommes illustres qui ont fleuri
en Lorraine*, p. 271 et 656.
[2] *Voyage de Lister à Paris*, p. 52.

16 pouces 6 lignes [1] sans la bordure, et haut de 13 pouces 4 lignes, n'avoit que 1 pouce 3 lignes d'épaisseur pour renfermer toutes les machines. Quand on les voyoit désassemblées, on étoit effrayé de leur nombre prodigieux et de leur extrême délicatesse [2].

Le Dauphin, fils aîné de Louis XIV, hérita de l'armée d'argent sculptée pour son père. Il eut aussi une autre armée, de matière moins précieuse, mais d'une grande valeur artistique. Elle était en carton découpé et peint, comprenait vingt escadrons de cavalerie et dix bataillons d'infanterie. Plusieurs artistes y travaillèrent de 1669 à 1671 sous la direction d'un sieur Couturier, puis de Henri Gissey, qui se qualifia dès lors de « dessinateur-ingénieur pour les divertissemens, fêtes et plaisirs du Roi. » Le 27 septembre 1669, il reçut 28,963 livres 14 sous, payement suivi de plusieurs autres [3].

Le petit prince avait neuf mois à peine, que déjà Colbert se préoccupait de lui procurer des joujoux. Il écrivait, le 18 août 1662, à

[1] Environ 45 centimètres.

[2] *Suite des éloges des académiciens de l'Académie des sciences,* édit. de 1733, p. 270.

[3] Voy. J. Guiffrey, *Comptes des bâtiments du roi,* t. I, p. 366.

son frère Charles Colbert, alors intendant
d'Alsace :

Je vous conjure de vous souvenir de ces petits
armemens, comme pièces d'artillerie, figures d'hommes et de chevaux, que je vous ay prié de faire faire
par les maistres les plus industrieux d'Augsbourg
et de Nuremberg, pour servir au divertissement de
Mgr le Dauphin. A quoy il me semble que l'on
pourroit ajouter une petite attaque de place d'une
jolie invention et qui fust bien exécutée, dont
M. de Louvat [1], qui se rendra bientôt à Philipsbourg, et mon cousin [2] pourroient prendre le
soin [3].

Ils en prirent très peu de soin, puisque
Colbert mandait de nouveau à son frère, le
20 avril de l'année suivante :

Je vous ay écrit diverses fois touchant les petites
pièces d'artillerie et autres gentillesses que je vous
priay, l'année passée, de faire faire à Nuremberg
pour Mgr le Dauphin, et je me souviens que vous
me mandastes, il y a de cy quelque temps, que
vous faisiez estat d'y envoyer un exprès. A présent
que Son Altesse Royale commence à grandir et que
les divertissemens de ces sortes de gentillesses luy
deviendront sensibles, il seroit bon que nous les

---

[1] Claude Louvat, maréchal de camp en 1652, obtint en
1662 la lieutenance de Philipsbourg, dont il se démit en
1673. Il mourut le 16 avril 1693.

[2] Charles Colbert de Séraucourt.

[3] *Correspondance de Colbert*, t. V, p. 2.

eussions au plus tost. C'est pourquoy je vous prie instamment d'y tenir la main ; et, s'il reste à faire quelque chose de vostre part pour cela, de n'y pas perdre un moment de temps[1].

On doit sans doute attribuer au même Dauphin les jouets suivants, faits en argent, et dont je relève la liste dans l'*Inventaire du mobilier de la couronne pour* 1696 :

Un petit ménage de poupée, composé des pièces qui ensuivent, sçavoir :

Un petit brazier à huit pans.

Une petite corbeille à huit pans, en façon d'ozier.

Quatre petits flambeaux de deux pouces de hault.

Un roüet.

Cinq chaises et un fauteuil.

Une table à huit pans.

Quatre petits colimaçons.

Deux coquetiers.

Dix petits paniers en façon d'ozier, de plusieurs formes.

Plus :

Neuf boutiques de la foire, garnies de petites figures d'émail.

Deux porteurs de chaise, avec leur chaise.

Un vinaigrier, avec sa brouette.

Un gagne-petit, aussy avec sa brouette.

Un vendeur de noir à noircir.

Un chaudronnier [2].

---

[1] *Correspondance de Colbert,* t. V, p. 7.

[2] Tome I, p. 167 et 168.

On a vu plus haut que Colbert, voulant offrir des jouets au Dauphin, les faisait venir d'Allemagne, d'Augsbourg et de Nuremberg, villes industrieuses qui avaient conservé leur ancienne renommée pour cette fabrication. Beaucoup plus simples étaient ceux que vendaient à Paris les bimbelotiers et les merciers, comme le prouvent ces vers de Colletet :

> Ces merciers à petits balots,
> Qui n'estalent que des grelots,
> Des boëtes et des poupées,
> Toutes figures étripées [1];
> Des tableaux de plastres et de plom,
> Un moulinet, un violon,
> Un chifflet [2], un cheval de carte [3]
> Pour Janot, pour Colin, pour Marte,
> Et cent autres petits bijous,
> Pour amuser les jeunes fous.

Puis venait le moment des étrennes :

> Là, le marchand qui songe au lucre
> Vend des petits hommes de sucre,
> Des charettes et des chevaux
> Qui ne souffrent pas grands travaux,
> Et que, sans trouver trop estrange,
> Un enfant à déjeuner mange.
> Icy ce sont des gauffriers

[1] Sans vie.
[2] Un sifflet.
[3] De carton.

Avecque leurs petits foyers.
Et là, le peuple sot admire
Cent figures faites de cire,
Dont les pieds et les mains par art
Branlent sur un fil de richart[1].
Enfin, ce ne sont que boutiques,
Non de grandes pièces antiques,
Mais de divers petits bijoux
Que l'on a pour deux ou trois sous [2].

Il y avait des figures de cire beaucoup plus chères que cela, et parmi les jouets célèbres il faut citer celui que madame de Thianges offrit pour étrennes au duc du Maine en 1675.

C'étoit, dit le *Ménagiana* [3], une chambre toute dorée, grande comme une table. Au dessus de la porte, il y avoit en grosses lettres : chambre du sublime. Au dedans, un lit et un balustre, avec un grand fauteuil dans lequel étoit assis M. le duc du Maine fait en cire fort ressemblant. Auprès de lui, M. de la Rochefoucault, auquel il donnoit des vers à examiner. Autour du fauteuil, M. de Marsillac et M. Bossuet, alors évêque de Condom. A l'autre bout de l'alcôve, madame de Tianges et madame de la Fayette lisoient des vers ensemble. Au dehors du balustre, Despréaux avec une fourche empêchoit sept ou huit méchans poëtes d'approcher. Racine

---

[1] Fil d'archal. Cette locution était alors assez fréquente.
[2] *Le tracas de Paris*, édit. Delahaye, p. 204 et 271
[3] Édit. de 1715, t. I, p. 222.

étoit auprès de Despréaux, et un peu plus loin la Fontaine à qui il faisoit signe d'avancer. Toutes ces figures étoient de cire en petit, et chacun de ceux qu'elles représentoient avoit donné la sienne.

Cela valait bien la poupée de vingt mille livres que Louis XV offrit à l'infante venue de Madrid pour l'épouser [1].

Le célèbre type de *pantin* ne paraît pas antérieur au dix-huitième siècle [2].

Dans le courant de l'année dernière, écrivait l'avocat Barbier en 1747 [3], on a imaginé à Paris des joujoux qu'on appelle des pantins, pour d'abord faire jouer les enfans et qui ont servi ensuite à amuser tout le public. Ce sont de petites figures faites de carton, dont les membres sont séparés, c'est-à-dire taillés séparément, et attachés par des fils pour pouvoir jouer et remuer. Il y a un fil derrière qui répond aux différens membres, et qui faisant remuer les bras, les jambes et la tête de la figure, la font danser. Ces petites figures représen-

---

[1] Barbier, *Journal*, mars 1722, t. I, p. 198.

[2] On a prétendu que ces jouets devaient leur nom à la petite ville de Pantin près Paris, dont les habitants auraient eu jadis la réputation d'être d'excellents danseurs. On a rappelé à ce sujet quatre vers d'une ancienne chanson :

Ceux de Pantin, de Saint-Ouen, de Saint-Cloud
Dansent bien mieux que ceux de La Villette.
Ceux de Pantin, de Saint-Ouen, de Saint-Cloud
Dansent bien mieux que tous ceux de chez nous.

[3] *Journal*, t. IV, p. 211.

tent un Arlequin, Scaramouche, mitron, berger et bergère, etc., et sont peintes en conséquence de toutes sortes de façon. Il y en a eu de peintes par de bons peintres, entre autres par M. Boucher, un des plus fameux de l'Académie, et qui se vendoient cher. Il y en avoit aussi qui étoient de figures et de postures assez lascives.

Ce sont donc ces fadaises qui ont occupé et amusé tout Paris, de manière qu'on ne peut aller dans aucune maison qu'on n'en trouve de pendus à toutes les cheminées. On en fait présent à toutes les femmes et filles; et la fureur en est au point qu'au commencement de cette année toutes les boutiques en sont remplies pour les étrennes.

Cette invention n'est pas nouvelle, elle est seulement renouvelée, comme bien d'autres choses. Et il y a vingt ans que cela étoit de même à la mode.

Il y a une chanson de caractère et consacrée pour cette petite figure :

> Que Pantin seroit content
> S'il avoit l'art de vous plaire !
> Que Pantin seroit content
> S'il vous plaisoit en dansant!
> C'est un garçon complaisant,
> Gaillard et divertissant,
> Et qui pour vous satisfaire
> Se met tout en mouvement.
> Que Pantin, etc.

Sur cet air de Pantin chacun a fait des chansons de toute espèce.

Cette sottise a passé de Paris dans les provinces.

Il n'y avoit pas de maison de bon air où il n'y eût des pantins de Paris...

Pour les étrennes de 1748, le jouet à la mode fut une petite cheminée de carton, dont la plaque était mobile, et en s'ouvrant donnait passage à une femme qu'un beau seigneur attendait de l'autre côté. On rappelait ainsi la mésaventure arrivée à M. de La Popelinière, dont la femme s'introduisait par un semblable procédé dans la maison contiguë à son hôtel, maison où l'attendait le duc de Richelieu [1].

Quelques jeux d'enfants, auxquels en ces deux derniers siècles les grandes personnes ne dédaignaient pas de s'associer, méritent une mention spéciale.

Tallemant des Réaux raconte qu'il trouva mademoiselle de Rohan jouant aux jonchets avec Chabot [2]. En 1606, Jean Nicot écrit *le jeu des jonchées* [3]. Les dictionnaires de Furetière (1701), de Richelet (1719), de l'Académie (1740), de Ménage (1750), de l'Académie (1762), de Trévoux (1771), de l'Académie (1778 et 1814) orthographient

---

[1] Barbier, *Journal*, t. IV, p. 326 et 336.
[2] Tome III, p. 428.
[3] *Thrésor de la langue françoise*, art. Jonchée.

jonchets. L'*Encyclopédie méthodique* (1798)
préfère *jeu des onchets*. En 1835, l'Académie,
mal inspirée, ajoute : « Quelques-uns disent
honchets, » et elle reproduit cette phrase dans
sa dernière édition (1878) [1].

Le colin-maillard est cité par Rabelais [2]. Il
paraît que Gustave le Grand [3], « ce puissant
fléau de la maison d'Austriche, s'égayoit dans
son particulier à jouer avec ses colonels à
colin-maillart parmy ses plus grands triom-
phes ; cela passoit pour une galanterie admirable [4]. » Ce jeu n'eut pas moins de succès en
France parmi les gens du grand monde. Loret,
parlant des divertissements qui se donnaient
chez mademoiselle de Longueville, constate
en ses mauvais vers que

.... Dans ce palais d'honneur
On a ce merveilleux bon-heur
De s'y réjoüir d'importance
Et mieux qu'en pas un lieu de France :
Comédie ou bal en tout temps
Y rendent les esprits contens.

---

[1] « Ce mot, dit Littré, est un diminutif de *jonc*, parce
que ces petits bâtons furent d'abord des brins de joncs, et
qu'aujourd'hui même ils ont tout à fait la forme de petites
pointes de joncs. »

[2] *Gargantua*, liv. I, chap. XXII.

[3] Roi de Suède, mort en 1632.

[4] G. Naudé, *Mascurat*, p. 448.

Au chagrin on y fait la mouë,
Et tous les soirs presque on y jouë
A ce jeu plaizant et gaillard
Qu'on apelle colin-maillard [1].

Il sauva de l'oubli le nom de Mathieu de
Montreuil, un poète bien médiocre dont
madame de Sévigné a dit qu'il était « douze
fois plus étourdi qu'un hanneton [2]. » Jouant
un jour au colin-maillard avec une belle dame,
il improvisa pour elle cet aimable madrigal :

De toutes les façons vous avez droit de plaire,
Mais surtout vous sçavez nous charmer en ce jour ;
Voyant vos yeux bandez, on vous prend pour
[l'Amour,
Les voyant découverts, on vous prend pour sa
[mère [3].

La jolie mademoiselle Stewart, dit Hamil-
ton, riait de tout, et avait un goût décidé pour
les amusements frivoles ; « le colin-maillard
étoit de ses passe-temps les plus heureux ;
elle faisoit aussi des châteaux de cartes [4]. »

Comme elle, Louis XIV aima beaucoup ce
jeu dans sa jeunesse, et si Puisieux reçut
l'ordre du Saint-Esprit, c'est au colin-mail-

[1] *Muze historique*, Lettre du 14 janvier 1652.
[2] Tome I, p. 409.
[3] *OEuvres*, édit. de 1680, p. 321.
[4] *Mémoires de Gramont*, édit. de 1827, t. I, p. 197.

lard qu'il le dut. Voici, en effet, ce que raconte Saint-Simon :

Puysieux arrivant de Suisse fut fort bien traité du Roi dans l'audience qu'il en eut. Et comme le Roi lui témoignoit de l'amitié et de la satisfaction de sa gestion en Suisse, il lui demanda s'il étoit bien vrai qu'il fût content et s'il y pouvoit compter. Sur ce que le Roi l'en assura, il prit un air gaillard et assuré, et lui répondit que pour lui il n'en étoit pas de même, et qu'il n'étoit pas content de Sa Majesté. « Eh! pourquoi donc, Puysieux? lui dit le Roi. — Pourquoi, Sire? parce qu'étant le plus honnête de votre royaume, vous ne laissez pourtant pas de me manquer de parole depuis plus de cinquante ans [1]. — Comment, Puysieux, reprit le Roi, comment cela? — Comment cela, Sire? dit Puysieux, vous avez bonne mémoire et vous ne l'aurez pas oublié! Votre Majesté ne se souvient-elle pas qu'ayant l'honneur de jouer avec vous à colin-maillard chez ma grand'mère, vous me mîtes votre cordon bleu sur le dos pour vous mieux cacher au colin-maillard, et que lors qu'après le jeu, je vous le rendis, vous me promîtes de m'en donner un quand vous seriez le maître : il y a pourtant longtemps que vous l'êtes, et toutefois ce cordon bleu est encore à venir. » Le Roi s'en souvint parfaitement, se mit à rire, et lui dit qu'il avoit raison, qu'il lui vouloit tenir parole, et qu'il tiendroit un chapitre exprès avant le premier jour

[1] Ceci se passait vers 1704.

de l'an, pour le recevoir ce jour-là... Ce fait n'est pas important, mais il est plaisant : il est tout à fait singulier avec un prince aussi sérieux et aussi imposant que Louis XIV. Ce sont de ces petites anecdotes de Cour qui ont leur curiosité[1].

Le colin-maillard était encore fort en faveur à la Cour de Marie-Antoinette[2].

Ce n'est pas tout.

La princesse Palatine écrivait le 8 avril 1719 : « De grandes personnes s'amusent ici, comme des enfants à faire des châteaux de cartes. »

Certaines sociétés préféraient la lanterne magique. Elle avait été inventée, dit-on, au siècle précédent par le jésuite Athanase Kircher, et l'on en trouvait la description dans son *Ars magna lucis et umbræ*[3]. Je l'y ai vainement cherchée.

Richelet définit ainsi la lanterne magique : « C'est une petite machine d'optique, qui fait voir dans l'obscurité, sur une muraille blan-che, plusieurs spectres et monstres affreux, de sorte que celui qui n'en sçait pas le secret croit que cela se fait par art magique[4]. »

---

[1] *Mémoires*, t. IV, p. 193.
[2] Mad. Campan, *Mémoires*, t. I, p. 148.
[3] *Nouvelle biographie générale*, t. XXVII, p. 771.
[4] *Nouveau dictionnaire françois*, édit. de 1719, t. I, p. 571

Mais de tous les jeux d'enfants, celui qui paraît avoir eu le plus de succès auprès des grandes personnes, durant le dix-septième et le dix-huitième siècle, c'est le jeu d'oie.

On a vu que Louis XIII enfant y prenait plaisir[1]. Parmi les objets que maître Simon donne à Cléante, pour parfaire les quinze mille livres qu'il lui procure, figurent « un damier, avec un jeu de l'oie renouvelé des Grecs, fort propre à passer le temps lorsque l'on n'a que faire[2]. » Madame de Grignan ne dédaignait pas non plus cette distraction, au grand contentement de sa mère, qui lui écrivait le 9 mars 1672 : « Il y a longtemps que le jeu vous abimoit : j'en étois toute triste. Mais celui de l'oie vous a renouvelée, comme il l'a été par les Grecs ; je voudrois bien que vous n'eussiez joué qu'à ce jeu-là, et que vous n'eussiez pas perdu tant d'argent[3]. »

L'Hector du *Joueur* était absolument du même avis :

HECTOR

Tous ces jeux de hasard n'attirent rien de bon.
J'aime les jeux galans où l'esprit se déploie.

[1] Héroard, t. II, p. 103.
[2] *L'avare*, pièce jouée en 1668, acte II, sc. 1.
[3] Tome II, p. 521.

(A Géronte)

C'est, monsieur, par exemple, un joli jeu que l'oie[1].

Après la mort du Dauphin, fils aîné de Louis XIV[2], tous les jeux cessèrent à Marly, et la Dauphine, enfermée dans son appartement, demanda des consolations au jeu de l'oie[3].

Ce qui prouve bien l'inexplicable vogue dont jouit ce jeu maussade, c'est le nombre prodigieux des imitations qui en furent faites. Il y en eut pour tous les âges, pour toutes les professions, pour tous les goûts. On les chargea d'enseigner la géographie, l'histoire, la religion, l'art naval, la procédure même, etc., etc. Je vais, comme curiosité, en citer quelques-unes, dont j'ai trouvé des exemplaires à la Bibliothèque nationale et à celle de la Ville. J'indiquerai pour chacune d'elles les numéros les plus caractéristiques du jeu, mais je ne dépasserai pas l'année 1789.

Le petit jeu de l'amour ou les étrennes de la jeunesse. 64 cases. 32 pour les dames et 32 pour les cavaliers.

---

[1] Regnard, *Le joueur*, pièce représentée en 1696, acte I, sc. 7.

[2] Mort le 14 avril 1711.

[3] Saint-Simon, *Mémoires*, t. VIII, p. 440.

Pour les dames :   *Pour les cavaliers :*

12. L'ingratitude.   8. L'inconstance.
16. Le mépris.   20. La trahison.
20. Le miroir.   28. L'indiscrétion.
24. La fidélité.   31. Le pardon.
28. La jalousie.
31. Le pardon.

———

Jeu historique de l'ancien testament. Année 1743.
70 cases.

1. La création du monde.   53. Tobie aveuglé.
10. Le déluge.   69. La nativité de la
20. Moïse sauvé.   sainte Vierge.
44. La mort d'Absalon.   70. La venue du Messie.

———

*Le jeu des aveugles, présenté aux mondains aveu-
glés par les péchés. Par Hamel, ci-devant curé du
Mouy.* 63 cases.

« Ce jeu est disposé comme celui de l'oie, ex-
cepté que les rencontres en sont différentes. Vous
trouverez d'abord le démon et le monde qui crèvent les yeux à tous les pécheurs par leurs propres
péchés ; et vous verrez ces différens aveugles disposés de sept en sept nombres, entrelacés des divers
moyens propres pour recouvrer la vue, dont le plus
grand et le plus souverain est le lavoir de Siloé,
qui est la fin du jeu... »

3. Le démon qui crève   rituel, qui éclaira
    l'œil droit de la foi   saint Paul.
    aux hommes.   24. L'hôpital des Quinze
13. Ananias, oculiste spi-   Vingts.

32. L'adversité.   52. La pénitence.

38. La prédication.   60. L'enfer.

46. La pensée de la mort.

Le jeu du blason, par N. de Fer [1], *géographe de Sa majesté Catolique. Introduction à l'art du blason.* 63 cases.

19. Écus antiques.   49. Armes du roi d'Es-

30. Armes du chancelier.   pagne.

42. Armes de l'Empe- 58. Ordre des Templiers.

    reur.   63. Armes du Roy.

Le jeu des bons enfans, vivans sans soucy ni sans chagrin, où sont les intrigues de la vie. 63 cases.

6. Une sérénade.   10. Le cornard content.

9. La noce.   19. L'accouchée.

Le jeu du canal de Narbonne. Dédié à monseigneur le cardinal de Bonzy, archevêque de Narbonne. Année 1682 [2]. 68 cases.

1 à 67. Situation des 67 écluses.

68. Fin du canal dans la Méditerranée.

Nouveau jeu de la chouette.

« Se joue avec trois dés sur un carton distribué par cases, avec quatre rangs principaux de figures. »

Les oies sont remplacées par des chouettes.

Jeu chronologique, utile pour apprendre la suite

----

[1] Nicolas de Fer, géographe du roi, est mort en 1720.

[2] Le canal du Midi ne fut achevé qu'en 1684.

des siècles et ce qui est arrivé de remarquable en chacun.

Divisé en deux parties :

1° de la création du monde au quarantième siècle.

2° du premier siècle après Jésus-Christ à l'année 1700.

1ʳᵉ PARTIE.

1. Création d'Adam.
2. Seth, fils d'Adam.
17. Le déluge.
18. La tour de Babel.
20. La naissance d'Abraham.
37. Alexandre le Grand.

40. Jules César.

2ᵉ PARTIE.

1. Les apôtres.
9. Charlemagne.
13. Saint Louis.
17. Louis XIII et Louis XIV.

Le jeu de la constitution [1]. Sur l'air du branle de Metz. 63 cases.

En haut, à droite : « Je ne verray plus dans mes conciles d'oyes. Saint-Grégoire de Naziance, carme. »

Le jeu de la conversation. 87 cases.

2. Converser pour s'instruire.
42. Perte ou gain, sois au jeu égal.
72. Ne louë jamais ton sang.
85. Laisse-là les discours et les mots équivoques.
87. Salle de la conversation.

---

[1] Unigenitus.

Le jeu des cris de Paris. 44 cases.

« Les quatre principaux cris de Paris étant ceux du décrotteur, du revendeur, du marchand de loterie et du colporteur, on ne pourra s'arrêter sur aucun de leurs numéros, qui sont disposés d'onze en onze. »

Aux quatre angles :

1° Le jeu de la bague.

2° Le paradis.

3° Les battus payent l'amende, autre parade.

4° La balance, pour connoître sa pesanteur.

1. La cliquette [1], ou le facteur de la petite poste.

2. Poires cuites au four !

3. Voilà des petits pains de seigle !

4. Mottes à brûler !

5. A l'eau, à l'eau !

7. Au cureur de puits !

8. Des allumettes et de l'amadou !

9. Falourdes d'Orléans, falourdes !

10. De la paille d'avoine !

11. Décrottez là, ma pratique !

12. Achetez des cruches !

13. OEufs frais !

14. Gagne-petit !

15. A l'anguille qui frétille !

16. Chaudronnier !

17. Saumon nouveau !

18. Ramonez la cheminée du haut en bas !

19. Carpe laitée, carpe œuvée !

20. Petits pâtés tout chauds !

21. Chapeaux à vendre. De vieux chapeaux !

22. Vieux habits, vieux galons !

23. Bon vinaigre !

24. Noisettes au litron !

25. Sablon d'Étampes [2] !

[1] Détail bon à noter.

[2] Pour écurer la vaisselle.

26. Laitue, romaine. A la salade !

27. Voilà des petits pains de seigle [1] !

28. La laitière. Allons vite !

29. A la fraîche, qui veut boire !

30. Merlans à frire !

31. A la petite loterie !

32. Chansons nouvelles !

33. La liste des gagnans [2] !

34. De l'onguent pour les cors des pieds !

35. Achetez des rubans, du fil !

36. Excellent vin de Bourgogne !

37. Groseille à confire !

38. La lanterne magique !

39. Des radis, des raves !

40. Raccommodez de la fayence !

41. Champignons, champignons !

42. Falot, falot [3] !

43. Des bouquets pour Toinette !

44. L'heureux événement !

Les·délassemens des élèves de Mars, ou nouveau jeu militaire pour apprendre à la jeune noblesse les principaux termes de la guerre. Dédié à S. A. S. Louis-Armand de Bourbon, prince de Conti, par Roussel. Année 1718. 63 cases.

1. L'engagement.

2. La caserne.

3. L'exercice.

4. Le campement.

5. Le détachement.

6. La marche de l'armée.

7. Un pont de bateaux.

57. L'espion.

58. La capitulation.

59. L'embuscade.

60. Les invalides.

61. Le déserteur.

[1] Voy ci-dessus le n° 3.

[2] De la loterie.

[3] L'organisation des falots dans Paris date de 1661.

62. L'amnistie.

63. Les dignités et ré-
compenses accor-

dées aux gens de
guerre.

Le divertissement royal sur les vertus héroïques de Louys XIIII, roi de France et de Navarre. 63 cases.

« Cet incomparable monarque a tant de belles qualitez qu'on peut dire sans flatterie qu'il est autant et plus héritier des vertus de ses prédéces-seurs que de leur couronne, et qu'il mérite luy seul tous les titres qui ont été donnez aux autres Rois ensemble. »

N° 63. Louis XIIII, dit le dévot, le conquérant, le catholique, le bon, le sage, le bien aymé, le vic-torieux, le libéral, le père du peuple, le restaura-teur des arts et des lettres, le juste, le grand.

Le divertissement studieux des religieuses Ursu-lines, par Hamel, curé de Mouy. 66 cases.

1. Contraignez les d'entrer.

L'école de la vérité, pour les nouveaux convertis. Paris, chez Jollain, rue Saint-Jacques, à l'En-fant-Jésus. 64 cases.

1. Entrez par la petite porte.
64. Le palais de la vérité.

L'école des plaideurs. 63 cases.

« Pendant que les plaideurs attendent Monsr

leur procureur, leur avocat ou leur raporteur dans
un antichambre, pour ne point perdre patience,
ny se désennuyer en parlant mal de leurs parties,
ils pourront se divertir à ce jeu-cy, où ils appren-
dront bien mieux l'événement de leurs causes que
de la bouche du plus fameux consultant du Palais. »

1. Entrée.
2. Assignation.
3. Présentation.
4. Intervention en cause.
5. Sommation pour pren-
   dre fait et cause.
6. Vacation.
7. Enregistrement de la
   cause.
8. Bureau du papier
   timbré.
9. La barrière des ser-
   gens.
57. Rescision, somma-
    tion, protestation.
58. Requête civile.
59. Saisie, vente, infor-
    mation.
60. Décret de prise de
    corps.
61. La prison.
62. Intérêts civils.
63. L'hôpital.

*L'émulation françoise, ou description historiogra-
phique du royaume de France, jeu aussi utile que
curieux. Par M. Moithey*[1], *ingénieur géographe
du Roi, et professeur de mathématiques de MM. les
Pages de leurs Altesses Sérénissimes Monseigneur et
Madame la princesse de Conty. Année 1780.*
109 casès.

Le jeu de l'Europe ou la récréation européenne.
60 cases, représentant chacune un état, une province ou une île de l'Europe.

[1] Antoine Moithey, né à Paris en 1752, mort vers 1810.

1. L'Espagne.	56. Le golphe de Venise.
2. L'ancienne Castille.	57. L'isle de Candie.
3. L'Arragon.	58. L'Angleterre.
4. Le Navarre.	59. L'Écosse.
5. Le Portugal.	60. L'Irlande.

Le jeu royal et historique de la France, nouvellement inventé pour apprendre en peu de temps la suite merveilleuse de nos Roys. Chez N. de Fer. 64 cases.

N° 1. Pharamond, payen, roy de France.

64. Louis XIV, Dieu-donné, roy de France et de Navarre.

Le jeu des François et des Espagnols pour la paix. Année 1660. 26 cases.

Commence à l'année 1635 et finit à l'année 1660 [1].

Jeu généalogique des rois de France. 65 cases [2].

« Ce jeu à esté fait à l'imitation de celui de l'oie, et j'ai tâché à y donner une idée de la généalogie et de la cronologie et de quelques-unes des principales actions des rois de France. »

1. Pharamond.	45. Filipe le Hardi.
2. Clodion.	46. Filipe le Bel.
3. Mérovée.	62. Henri III.
24. Charlemagne.	65. Louïs le Grand.
42. Filipe Auguste.	

[1] Année du mariage de Louis XIV avec Marie-Thérèse.

[2] Les règles de ce jeu ont été publiées à part. Paris, 1696, in-12.

La géographie universelle ou la connoissance exacte de la mappemonde, mise en jeu, par le sieur Moithey, ingénieur géographe da Roi. Année 1780. 78 cases [1].

1. Départ de Paris.	76. Rouen, Rennes et
2. L'Amérique.	La Rochelle.
3. Le Mexique.	77. Lyon, Orléans,
4. La Louisiane.	Bordeaux.
75. La France.	78. Paris.

Jeu du globe. 8 cases.

« L'on a une pirouette formant un globe à huit faces numérotées, que l'on fait tourner sur un plateau où est le plan du jeu. »

1. Gonesse.	2. Saint-Aury [2].

[1] Il ne faut pas confondre avec les imitations du jeu d'oie l'ouvrage suivant :

Le jeu de la géographie, ou nouvelle méthode pour apprendre d'une manière facile et agréable les élémens de cette science, par Violier. Genève, 1706, in-12.

Ce titre précède, non un jeu, mais un traité de géographie en vers.

Voici le début :

Le géographe entend par le mot d'univers
Le globe composé de terres et de mers,
Qui fait deux continens, dont l'un comprend l'Afrique,
L'Europe avec l'Asie, et l'autre l'Amérique.

. . . .
. . . .

La France est un royaume où depuis certain tems
On a considéré douze gouvernemens.
Elle étoit autrefois soumise à plusieurs princes,
Un monarque aujourd'hui tient toutes ses provinces.

[2] Satory ?

3. La butte aux cail-
les [1].

4. La prairie de Nesle.

5. Meudon.

6. Champlâtre [2].

7. Luxembourg.

8. Béthune.

Le jeu de la guerre. Dédié au duc de Bourgogne. Dressé et inventé par Gilles de la Boissière [3], ingénieur ordinaire du Roy. 53 cases.

1. Les officiers.

2. L'enrôlement.

3. L'exercice.

4. Le rendez-vous.

5. La revue.

6. La marche.

7. Le défilé.

8. Passage d'une ri-
vière.

9. Le campement.

47. La mine.

48. La fausse attaque.

49. L'assaut.

50. La chamade.

51. La prise de la
place.

52. Les conquêtes.

53. La valeur récom-
pensée.

Nouveau jeu de l'himen. Chez Roussel. Année 1725. 90 cases.

1. La veue.

2. L'admiration.

3. L'amour au ber-
ceau.

31. Le chagrin.

32. Les soupçons.

33. Le désespoir.

34. Les rivaux bannis.

35. L'entrevue.

36. L'espérance.

---

[1] Auj. dans le treizième arrondissement.

[2] Champlâtreux.

[3] Gilles Jodelet, sieur de La Boissière, mort après 1673. Il a un article dans le *Dictionnaire critique* de Jal, où il est qualifié d' « architecte et graveur ordinaire du roi. »

82. La fidélité.
83. La persévérance.
84. Les conversations tendres.
85. Les caresses.
86. L'attente du bonheur.

87. Le précipice du château.
88. Les avenues.
89. La garde de l'himen.
90. Le palais de l'himen.

Jeu de l'histoire de France.

Composé de deux tableaux chronologiques, l'un consacré aux événements (102 cases), l'autre aux rois (65 cases.)

Nouveau jeu historique et cronologique des rois de France. 67 cases [1].

1. Pharamond.
66. Louis XV, dit le Bien-aimé.
67. Louis XVI, dit le Bienfaisant.

Jeu de l'histoire universelle.

1re case. Adam, déluge, 1656.
2e — Royaumes d'Assyrie, Égypte et Chine, 1900.
Dre case. Philippe, duc d'Orléans, régent, 1715.

Voyage de l'île de Cythère. 60 cases.

1. L'embarquement.
13. Le temple de la jalousie.

21. La fontaine de jouvence.
26. Premier temple de Vénus.

---

[1] Il existe une édition antérieure, où figurent 66 cases seulement, et qui s'arrête à Louis XV.

32. Le temple de la constance.
37. Deuxième temple de Vénus.
41. L'île de l'espérance.
57. Le naufrage.
60. L'île de Cythère.

Le jeu des illustres capitaines, philosophes, orateurs et poètes, par N. de Fer. Année 1672. 52 cases.

Nouveau jeu de la marine. Dédié à M. le marquis du Quesne, lieutenant général des armées navales du Roi. Par Cl. Roussel, graveur. Année 1719. 63 cases.

1. L'embarquement.
2. Une rade.
3. Un vaisseau à la voile.
4. Une bourrasque.
5. Une escadre.
6. Un cap.
7. Un vaisseau à l'abri.
8. Le salut.
9. Le vent en poupe.
58. Le naufrage.
59. Une gondole.
60. Le canot.
61. Le calme.
62. Le quart de cercle.
63. Le bon port.

Le jeu des nations principales de la terre universelle, où leurs mœurs, leurs modes et leurs coutumes sont particulièrement dépeints, pour instruire et récréer tout ensemble les curieux de l'histoire et de la géographie. Par Louis Richer. Année 1705. 43 cases.

40. Vienne.
41. Amsterdam.
42. Bruxelles.
43. Paris.

Le jeu de la sphère ou de l'univers, selon Tyco

Brahe, par E. Vouillemont[1]. Dédié au chancelier Séguier. Année 1661. 70 cases.

1. La terre.	61. L'arche de Noël.
8. Le soleil.	70. L'empirée.

Les travaux de Mars, ou nouveau jeu de la guerre, dédié à la jeune noblesse de France. Année 1767. 66 cases.

1. École royale mi- litaire[2].	57. Assault.
	58. Chamade.
2. Officiers.	60. Espion.
3. Engagemens.	65. Les invalides.
7. Reveuë.	

Le nouveau jeu des vertus récompensées et des vices punis, ou le triomphe de la vertu. Année 1763. 77 cases.

1. Innocence.	75. Justice.
2. Sagesse.	76. Tempérance.
3. Prudence.	77. Le triomphe de la vertu.

L'inventaire du mobilier de la couronne, dressé en 1673, mentionne la pièce suivante : « Un jeu d'oye peint en mignature à petits personnages, vers le milieu duquel est représenté la veüe du chasteau de Versailles, du

---

[1] Un sieur Sébastien Vouillemont, graveur au burin, était né à Bar-sur-Aube en 1623.

[2] L'édit de fondation est du mois de janvier 1751.

costé de l'orangerie. Doublé de tabis vert [1]. »

Le journal de Verdun, dans son numéro de février 1714 [2], annonce une imitation du jeu d'oie que je n'ai point retrouvée. « On a gravé, dit-il, une grande carte, divisée en plusieurs cases ou carrez, dans chacun desquels on trouve la figure de quelque événement de l'Écriture sainte et au bas le nom de ceux qui ont donné lieu à ces événemens. »

Le jeu d'oie et ses imitations furent remplacés par le loto, devenu à la mode surtout durant les années qui précédèrent la Révolution. Dans une assez plate comédie publiée en 1778, madame Cartino, honnête bourgeoise parisienne, s'écrie : « Vive le loto, c'est le jeu en vogue, c'est celui du bon ton. Quel plaisir ! quel bruit ! quel tapage ! Le numéro sort. Vous entendez : C'est moi, c'est moi ! Chacun cherche. On se querelle, on se dispute ; c'est un mouvement perpétuel. » A quoi, M. Cartino, qui préfère le wish [3], répond : « Le beau jeu ! voir une multitude de mains étendues qui ont l'air de demander la charité, nos fameux calculateurs courir pendant une

---

[1] Tome II, p. 108.
[2] Tome XX, p. 150.
[3] Le whist.

heure après un numéro qui, le plus souvent, se trouve sous leurs yeux. Quel esprit, quel génie [1] ! »

Et ce n'était pas seulement dans la bourgeoisie que le loto avait du succès. La baronne d'Oberkirch raconte qu'en 1786, à la ville comme à la campagne, tout le monde en raffolait. Tout le monde, c'est trop dire, car un joueur récalcitrant se permit de le définir ainsi :

Je chante cet enfant de la monotonie,
Sans doute au rang des jeux placé par ironie.
Son nom est le loto, son effet le sommeil.
On est autour de lui comme on est au Conseil,
Faisant beaucoup de bruit et fort peu de besogne [2].

. . . .

Fait étrange, la rage du loto avait passé les frontières de France, sévissait jusqu'en Russie. Le comte de Ségur, envoyé comme ambassadeur auprès de Catherine II et reçu par elle à Krasnoïe-Selo, fut fort surpris d'entendre l'impératrice lui proposer une partie de loto. « Elle s'aperçut bientôt, écrit-il, de l'ennui que me causoit cet insipide jeu ; je m'endormois malgré moi. Elle m'en fit quel-

[1] Delaulne, *Le wish et le loto*, scène V.
[2] *Mémoires*, t. II, p. 155.

ques plaisanteries, et pour me tirer d'embarras, je lui dis ces vers que j'avois composés à Paris pour la maréchale de Luxembourg, femme célèbre par son esprit, et qui montroit une singulière passion pour ce triste amusement :

> Le loto, quoi que l'on en dise,
> Sera fort longtemps en crédit ;
> C'est l'excuse de la bêtise
> Et le repos des gens d'esprit.
>
> Ce jeu vraiment philosophique
> Met tout le monde de niveau ;
> L'amour-propre si despotique
> Dépose son sceptre au loto.
>
> Esprit, bon goût, grâce et saillie
> Seront nuls tant qu'on y jouera.
> Luxembourg, quelle modestie !
> Quoi ! vous jouez à ce jeu-là[1] !

Presque tous les jouets étaient vendus par les merciers. Leur fabrication appartenait à la corporation des *miroitiers-lunetiers-bimbelotiers*, et ce qui concernait cette industrie portait le nom de *bimbelot*, que la dernière édition du *Dictionnaire de l'Académie* (1878) définit ainsi : « Jouet d'enfant, comme poupée, cheval de bois, etc[2]. » On nommait cependant *poupetiers*

---

[1] Comte de Ségur, *Mémoires*, édit. Barrière, t. I, p. 426.
[2] Tome I, p. 182.

D'après Jacques Cats. Dix-septième siècle.

les ouvriers spécialement occupés de la confection des poupées, et *balloniers* les faiseurs
de ballons [1]. L'Allemagne et l'Angleterre nous
fournissaient la plupart des jouets compliqués.
Savary, dans son *Dictionnaire du commerce*,
édit. de 1741, ne cite encore parmi les jouets
fabriqués par les bimbelotiers que : « les poupées, chevaux de carte, petits carrosses, religieux sonnant leurs cloches, prédicateurs en
chaire, crocheteurs chargés de bombons, et
tant d'amusemens grotesques et ridicules,
propres à amuser un âge incapable d'aucune
occupation plus sérieuse [2]. »

En 1745, le sieur Raux, demeurant rue du
Petit-Lion, était renommé pour ses objets
d'étrennes en émail, « hommes, femmes,
joueurs, musiciens, petits corps de logis avec
des appartemens fort jolis où se passent des
histoires véritables [3]. » Un peu plus tard, le
marchand en vogue était le sieur Juhel, rue
Saint-Denis, qui tenait « un des plus fameux
magasins de jouets d'enfans, poupées à res-

---

[1] Savary, *Dictionnaire du commerce*, édit. de 1723, t. I,
p. 347, et t. II, p. 1204. — Abbé Jaubert, édit. de 1773,
t. I, p. 201 et 250.

[2] Tome I, p. 959.

[3] *Mercure de France*, n° de novembre, p. 186.

sort et autres jouxjoux d'Angleterre [1]. » Les
colifichets et joujoux en or se trouvaient *Au
Petit-Dunkerque* [2], magasin célèbre situé à l'angle de la rue Dauphine et du quai Conti.

[1] *Almanach Dauphin pour* 1777, supplément, p. 6.
[2] Baronne d'Oberkirch, t. I, p. 230.

FIN.

PARIS

TYPOGRAPHIE DE E. PLON, NOURRIT ET Cᶦᵘ

Rue Garancière, 8.